見飽きるほどの虹

アイルランド　小さな村の暮らし

望月えりか

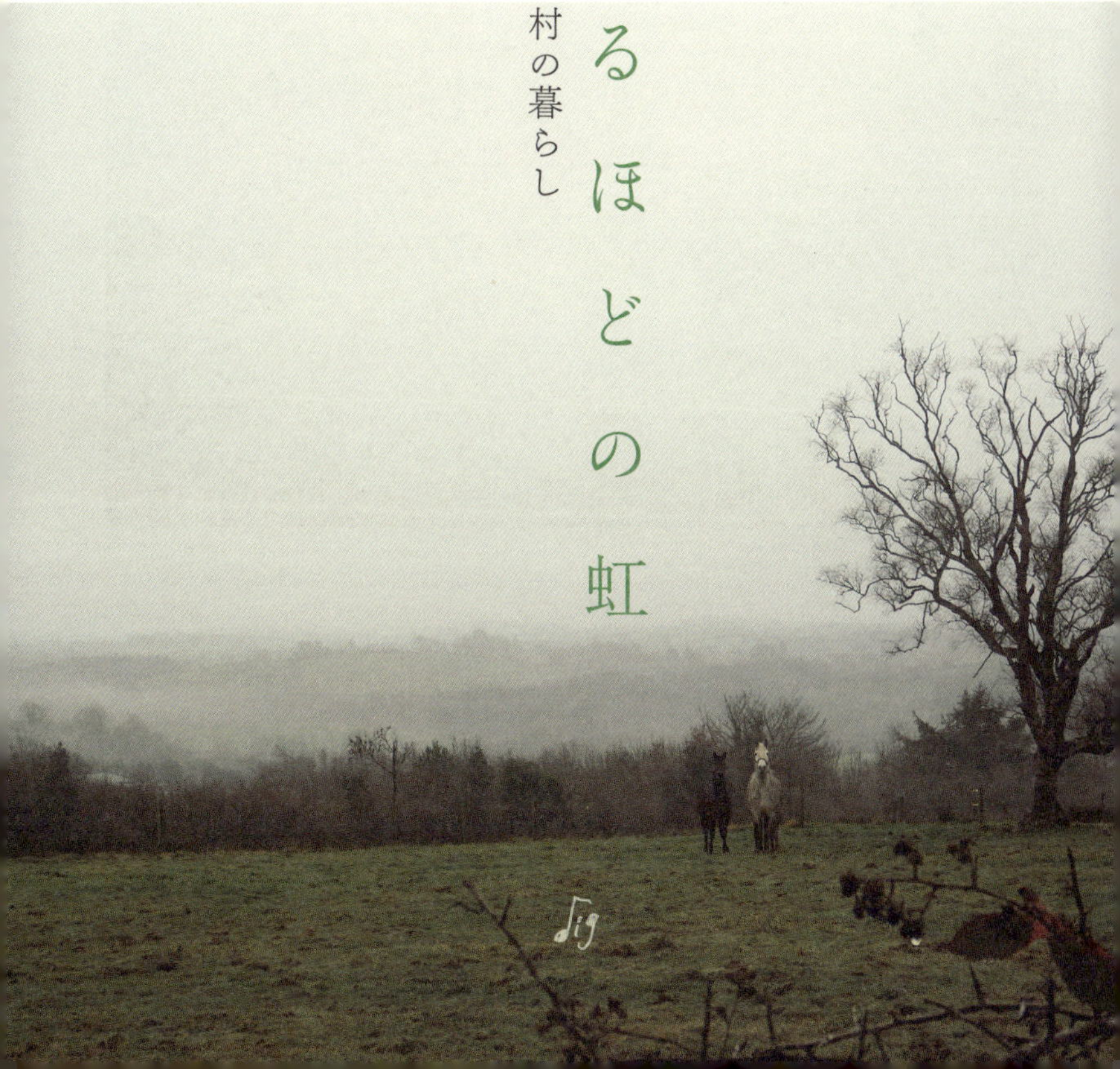

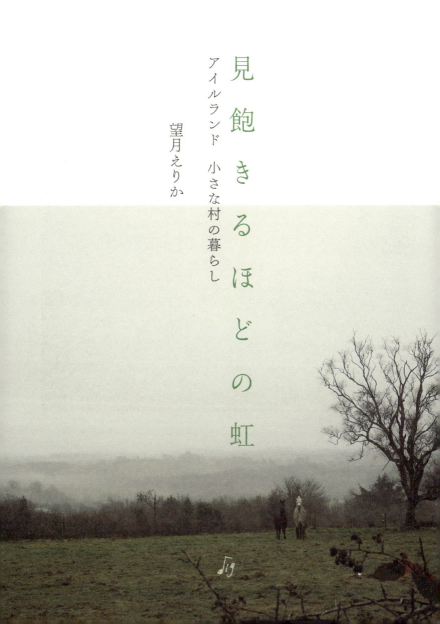

月曜日の朝、村の郵便局に行く用事があり一人で車に乗りこみました。

ひどく霧の濃い朝です。

いつもより減速して一方通行の田舎道をのらくらと上ります。

十字路を右折して丘を下ると、私の車の前を農作業用のトラクターがゆっくり走っています。

しばらく後ろにつけていたら、道路脇のスペースにすっと入って私を先に通してくれました。ありがとう。


追い越しがてら運転席を見ると、あら、地元の農夫デニスさんです。

数年前よくデニスさんから薪を買っていました。

以前借りていた家の大家さんのいとこで、根っからのフィークル人のデニスさん。娘さんの一人と我が家の娘が一時仲良しでしたっけ。

自宅から村の中心までは車で一〇分ほどです。

徒歩だと一時間半はかかるでしょうか。ふだんは歩く距離ではありません。

道路沿いに建つ家々は、いつの間にかどの家に誰が住んでいるのかほとんど分かるようになっていました。

それどころか、この家はメアリーの生家で今はショーンとパトリシアが借りて住んでいるとか、あの家には昔お巡りさんが住んでいて、そのあとダブリンのホイッスル奏者が移り住み、今では……ということまで、詮索しなくとも耳に入ってくるのです。

面倒くさいようでもありますが、地域コミュニティーとはそういうものかと思います。

村のメインストリートに入っていくと、まず目に入ってくるのが路上駐車されているジョンのバス。パブの店主だったジョンは、パブを売って悠々自適に定年生活。最近はそれにも飽きたらしく、地域のスクールバスの運転手をしています。

今年からフィークル小学校のスクールバスの担当になり、我が子どもたちを毎朝学校に送り届けてくれるのも、このジョン。アイルランドの伝統的なダンスの名人です。

あ、そういえばバターが少なくなっていたかも。

モローニーズの前でふと気がついて、車を停め手動のドアを押して店に入ります。

誰もいない店内。パブも兼ねているモローニーズの店主トーマスが、奥からにょきっと出てきて「おおエリカ、元気?」

「なんて天気なんだろうね、まったく」

「うちのほうはすごい霧でしたよ。もう一〇時なのに真っ暗だし」

「エリカもこんな天気が好きでここに住んでるわけじゃないだろう? ええ? こんな天気の好きな人はいないよねえ」

「ホントよね。私、一体こんなところで何やってるんだろ」

会計をしながら軽快におしゃべりを続けるトーマスはエニスの町の出身で、一〇代の頃は私の義弟と同じフットボールチームでプレイしていたそうです。

買い物を済ませて再び乗車、村はずれにある郵便局へ向かいます。

教会の近くを通り過ぎると、杖をついていつも村を歩くトムの姿を発見。手をあげてあいさつしてくれます。

村のコミュニティーホールの管理をしている人で、お父さんは腕のいい大工さんでした。

ジェイムスの店の前で立ち話をしているのはメアリーとクリスティーナ。

メアリーは私の親友のお姉さんの一人。クリスティーナは元地域看護士で、我が子どもたちが生まれた時に自宅を訪ねて健診してくれたのも彼女でした。

特に最初の子どもが生まれて右も左も分からない不安な時に、赤ちゃん用の体重計をうんせうんせと持ってやって来てくれたクリスティーナの訪問が、何と嬉しかったことか。

手をあげて、あいさつ。

シーラが犬を連れて散歩しています。

車に乗っているのは誰かしら、と覗きこむように見つめてくるのが村の人たち。

彼女はもともとラウス州の人で、旦那さんのショーンの仕事でフィークルに移り住んだ人です。数年前に「最初はよそ者扱いも度がひどくてね。苦労したわよ」と話してくれたことがありました。

小包みを持って郵便局に入ると、局員のブライアンは泥だらけの作業服に長靴姿の男性と接客中。明らかに地元の農夫さんです。

アイルランド訛りというのは地方によってバラエティーに富んでいて、さらには町、村単位で特有のアクセントがあります。

そのフィークルアクセントでブライアンとボソボソ話す目の前の農夫さん。生まれも育ちもフィークル村のスミス家の旦那さんだな。

「どうも」

「はいどうも」

簡素なあいさつをしてからすれ違いざま、家畜のにおいがプンとしました。

いつも穏やかな笑顔のブライアンに小包みを手渡して支払い完了。

「ありがとうブライアン」

「ＯＫエリカ、またすぐにね」


家に戻ってくると、霧はすっかり晴れて空には虹が出ています。


じめじめと雨の多い、暗くて寒いアイルランドの冬。

気分が塞ぎがちになる季節ですが、この土地に生きる人々の呼吸を感じると、気持ちはあたたかくなるから不思議です。

もくじ

II
The Chattering Magpie

III
The New Mown Meadow *87*

IV
The Wind that Shakes the Barley

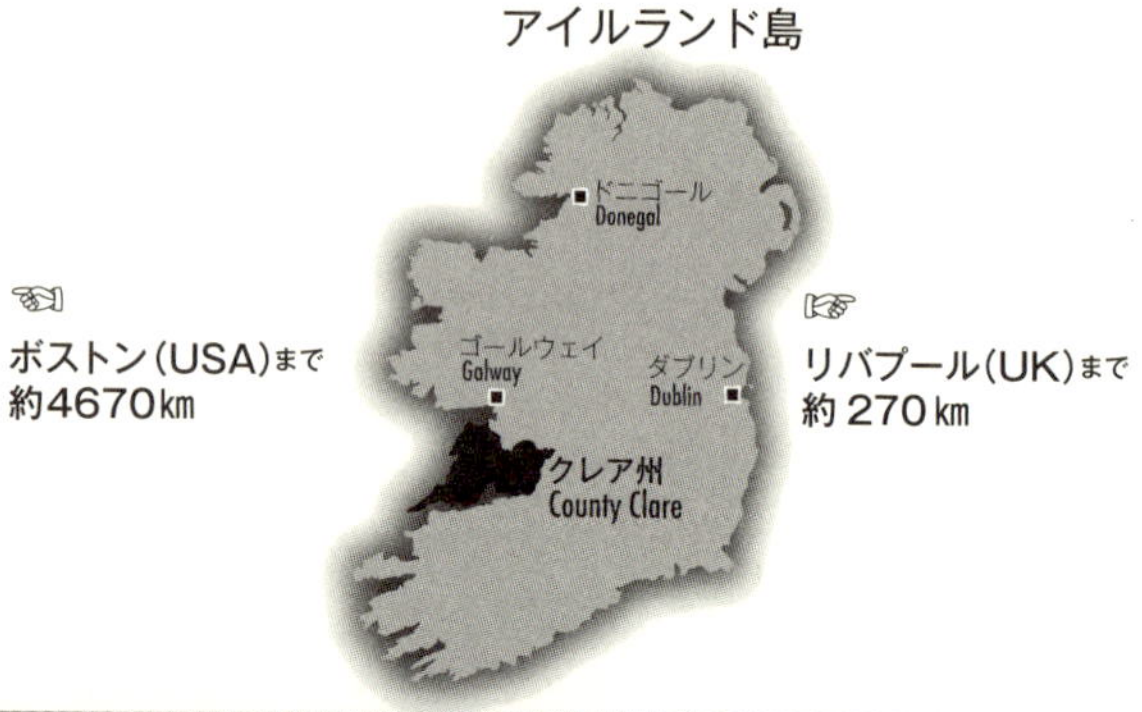
アイルランド島
ドニゴール
Donegal
ボストン（USA）まで
約4670km
ゴールウェイ
Galway
ダブリン
Dublin
リバプール（UK）まで
約 270 km
クレア州
County Clare

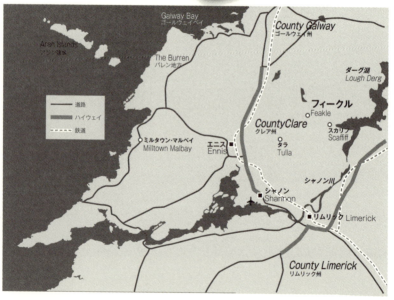

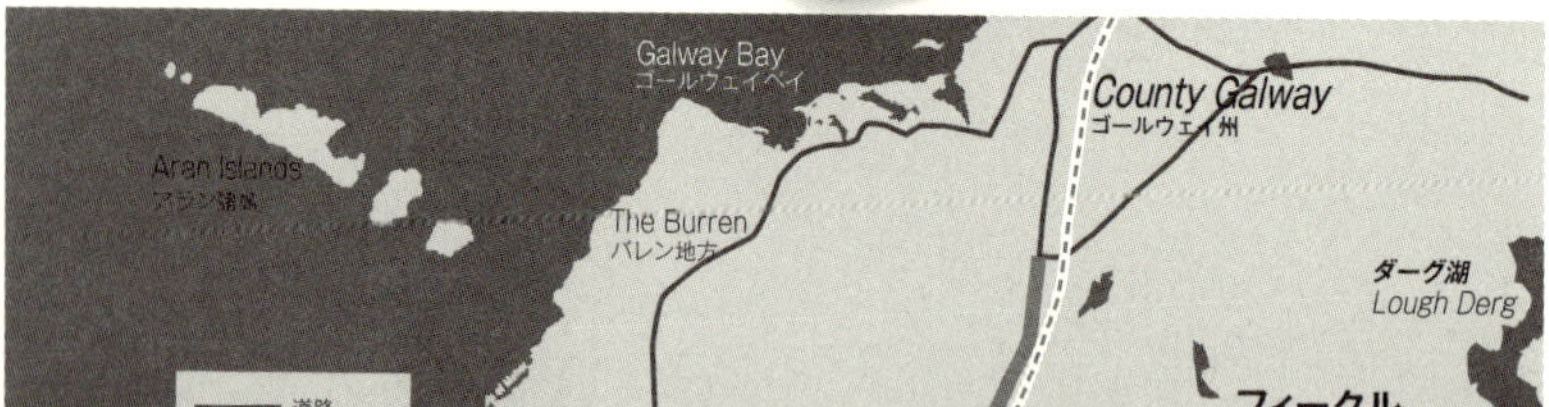
Galway Bay
ゴールウェイベイ
County Galway
ゴールウェイ州
Aran Islands
The Burren
バレン地方
ダーグ湖
Lough Derg
道路
ハイウェイ
鉄道
フィークル
Feakle
CountyClare
クレア州
スカリフ
Scaffiff
ミルタウン・マルベイ
Milltown Malbay
エニス
Ennis
タラ
Tulla
シャノン川
シャノン
Shannon
リムリック Limerick
County Limerick
リムリック州

I
The Green Groves of Erin

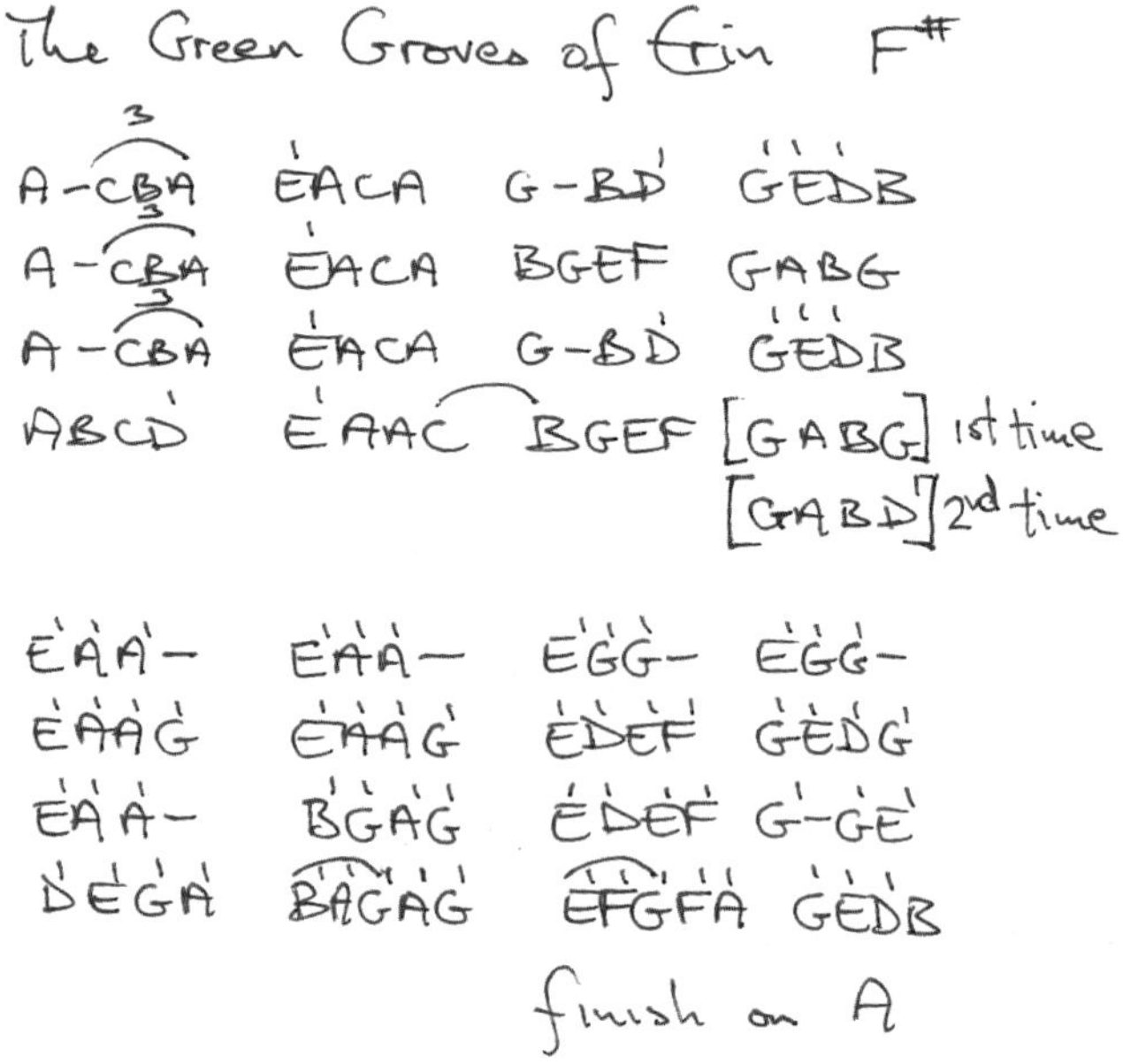

アイルランドの緑の木立(Am)　2部構成リール．1部2部2回ずつ演奏．Erinはアイルランドの意でアイルランド語Éirinnが語源．緑の木立の田園風景は今でこそ少ないが，大昔は国土全体がオークの森林で覆われていた．

何もないところからのスタート

アイルランド人の夫と結婚し、夫が一〇年以上住むフィークルに私が引っ越してきたのは、二〇〇四年一月のことでした。

結婚当時、夫の家には洗濯機がありませんでした。

洗濯はバケツに洗剤とお湯を入れて、そこに服をつっこんで数時間ほったらかしのつけおき洗い。それから服を手でしぼって、水のしたたる洗濯物を干すのです。乾くまで何日もかかるし、本当に汚れが落ちているのか心配にもなりましたが、涼しい気候ときれいな空気のおかげで服は思ったほど汚れず、二人暮らしの洗濯物の量も限られていたので、慣れればそれほど大変ではありませんでした。シーツなどの大きい洗濯物だけは、夫の実家に持っていき洗ってもらっていました。

掃除機もありませんでした。チリやほこりは小さなほうきで掃いていました。大きな家ではなかったので、こちらも大して苦とも思いませんでした。

台所には調理用のコンロがぽつんとありましたが、よく見るとキャンプ用のガスコンロ。小さな携帯用のガスボトルがなくなるたびに、町のアウトドアのお店で買っていました。

冷蔵庫はかろうじてありましたが、ドアが閉まらない化石のようなしろもので、中にはバターと豆乳、野菜が少し。牛乳も卵もなにもなし。ディナーに何を作ったらいいのか、最初は途方に暮れたものです。

この貸し家は一九五〇年代に建てられたもので、断熱材の入っていないとても寒い家でした。冬になると必ずと言っていいほど霜焼けになっていたのを覚えています。

もう一つなかったのはテレビです。いえ、正しく言えばテレビはあったのですが、常に食器棚の奥に収納されていました。年に数回、夫の好きなラグビーの中継がある時期にだけ登場します。テレビがあると見てしまう＝時間が無駄になるということで、テレビなしの生活は意外にも快適でした。

当然インターネットなどあるはずもありません。固定電話もなかったので、生まれて初めて携帯電話を購入しました。Ｅメールやネットでの調べものは週に一度、夫の実家に行った時に済ませていました。

と、まあざっとこんな感じで、とにかくないものづくしのスタートでした。どうしてあんな生活環境で不満も言わず、のんきにやっていられたんだろう？　自分でも可笑しくて仕方ありません。男性の一人暮らしゆえにもののない家だったのでしょうが、新境地での生活に向け、私は肩に相当の力が入っていたのだろうと思います。

「そうか、こういうものなのか！」

とありのままに受け止め、懸命に順応しようと頑張っていたのです。

その後、夫が所有していた土地に家を建て、今ではここが終の棲み家となりました。小さな貸し家に暮らしたあの五年弱。振り返れば、アイルランド田舎暮らしの私の原点です。

小さな国、小さな村

私が暮らすフィークルは、アイルランド西部にあるクレア州の東に位置する美しい村です。

一年中褪せることのない緑の丘、いくつもの湖や豊かな木々に囲まれたフィークルは、「どこの誰」と言えばみんながお互いを知っている、小さな地域コミュニティーが息づく農村です。

フィークルの村の周りはあたり一面、牧草地。地元の人々の多くが牧畜業を営んでいるためです。家畜は主に牛と羊、ほとんどが食肉用です。

昔は酪農が今よりも盛んで、農家の人々はしぼったミルクを村のクリーマリー（牛乳集荷所）に毎朝持っていき、配給をもらっていたそうです。酪農業は手間がかかるわりに利益が少なく、個人農家でやる人はほとんどいなくなってしまいました。村のクリーマリーも今では姿を消し、真新しい建物に取って代わられています。

近隣の町や都市で事務職をしている人、店員、教員、看護士、弁護士として働きながら暮らす人々もいます。農家をはじめ配管工や電気技師など自営業の人も多いようです。住民の年齢層は広く、子どもはあちこちで見かけますし、一〇代、二〇代の若者も珍しくありません。

この地域には海外から移り住んだ人々も、少数ながら暮らしています。イングランド人、ドイツ人、オランダ人、オーストラリア人……。国際色豊かで多様化に富んでいるのも東クレア地域一帯の特徴の一つです。美しい風土と静かな土地柄が、彼らを引き寄せるのかもしれません。

アイルランドの小さな町や村では、必ず教会が中心部に位置しています。日曜日のミサに限らず、信仰心の深い人は毎朝教会に足を運びお祈りをします。教会は人々にとって村のコミュニティーの核とも言える大事な場所なのです。

教会の横にはコミュニティーホールと呼ばれる公民館があり、村で行われる会議やイベントに使用されます。

我が子どもたちが通うフィークル小学校には、幼児から六年生まで、合わせて八クラスの元気な子どもたちがいます。児童数が少なく、一人の先生が二学年を担当し同じ教室で教えます。

村の郵便局はこぢんまりとした家族経営です。郵便物の取り扱いをはじめ、年金や児童手当などの配給も郵便局の仕事ですから、村になくてはならない存在です。

村のメインストリートにはよろず屋が数軒。パブを兼ねた昔ながらの店や、家畜用の飼料なども扱う地元農家ご用達の店など、個人経営のお店がまだまだ健在なのは嬉しいものです。

そして、アイルランドと言えばパブ（パブリックハウスの略。今日ではお酒を飲むバー）。フィークルの村にも四軒のパブが営業をしています。アイルランドの田舎におけるパブは、単なる酒場ではありません。一日の仕事を終え、ご近所さんや地域の友人らと顔を合わせおしゃべりのできる社交の場です。そうした意味では、パブは教会と同様に地域コミュニティーに密着した大切な存在なのです。

教会で、郵便局で、はたまたパブのカウンターで、村の人々は実によくおしゃべりをするものです。「○○家の次男がイングランドから帰ってくるそうだ」とか、「あそこの家にダブリンから家族が引っ越してくるらしい」など、地元ならではの情報が人々の間を行き交います。私たちが結婚した直後も、見知らぬ地元の人から「おめでとう」と何度も声をかけられ驚きました。

そういえば、アイルランドに暮らしはじめて間もない頃、村のよろず屋のひとつで働いていたことがあります。スミス家が経営するこのお店で、私はオーナー家族をはじめ多くの村人と知り合い、彼らの人となりに触れる機会を得ました。ただのアルバイトだったわけですが、私にとってはまるで異文化コミュニケーションのフィールドワーク。多くのことを学びました。

ここ東クレアの人々はアイルランドの国技のひとつハーリングが大好きで、フィークルの村にある大きなハーリング用の競技場にはいつも人々が集まり、トレーニングをしたり試合をしたりしています。

フィークルは伝統音楽が色濃く残る村です。

年間を通して、子どもからお年寄りまでが世代を越えて器楽、歌、ダンスという伝統文化に親しんでいます。誰かに見せるため、聴かせるためのものではなく、地元の人々が暮らしの中で自ら楽しむためのものなのです。

フィークル村には毎年夏に開かれる伝統音楽のフェスティバルもあります。

一九八八年から続く歴史があり、この時期になると、国内外から村の人口の十数倍ものお客さんが押し寄せ賑わいます。地域に暮らす人々とミュージシャンたちが、訪れるお客さんをあたたかく迎えるアットホームなフェスティバルとして評判です。

そしてアイルランド共和国もまたヨーロッパの西端、大西洋に浮かぶ小さな島国です。

ほとんどの地域で英語が日常語として使われています。しかし、国が定めた第一公用語は「アイルランド語」。アイルランド語はときどき「ゲール語」と表記されるようですが、アイルランドではシンプルにIrish（アイルランド語）と呼ばれるのが普通です。

アイルランド語はアイルランド固有の言語ですが、お隣イングランドによる数百年にわたる支配により失われ、現在ではごく限られた地域でしか話されていません。

一時期は「貧者の言語」などと卑下されたアイルランド語。国内における貧困や食糧難から逃れるため、イングランドやアメリカといった英語圏の国々へアイルランド移民が多数流出した時代には、英語が話せることが生き延びるための絶対条件という風潮もありました。

そんな背景も手伝い、アイルランド語は衰退の一途をたどったのです。一九世紀にはじまったアイルランド文化の復興運動により、アイルランド語も保護の対象となりました。現在アイルランド語は義務教育において必修科目であり、アイルランド語が話せなければ小学校の教師にはなれません。一部の政治家や文学者などは教養としてアイルランド語を身につけています。アイルランド語専門のテレビやラジオ局、アイルランド語の新聞もあります。

今でもアイルランド語が日常的に使われる地域のことを、ゲールタハト(Irish Gaeltacht)と呼びます。アイルランドのアングロ化は東部からやってきたので、ゲールタハトは主にアイルランド西部に集中しているのが特徴です。

私の暮らすクレア州もアイルランド西部にありますが、ゲールタハトはもはや存在しません。それでも、クレアの地域によっては二〇世紀前半に生まれたお年寄りの世代に、流暢なアイルランド語を操る人がときどきいました。この言語が失われてから、まだそれほど長い時が経っていないことを感じます。

学校における熱心なアイルランド語教育だけでなく、最近ではアイルランド語を学びにやって来る外国人も多いのだそう。しかし、残念ながら今後アイルランド語が英語に取って代わることはなさそうです。一度失われてしまった言語を取り返すことは容易ではないのです。

アイルランドの概要を読むと、必ず言及されているのがアイルランド国民の宗教です。国民の約八割がローマ・カトリック教徒であるとあります。それだけの割合のアイルランド人たちが敬虔なクリスチャンかと思いますが、実際には若い世代の人々、特に都市部においては教会に毎週通う人などむしろ少ないのではないでしょうか。

聖職者による児童虐待など過去の相次ぐ失態が明るみに出てきた近年のアイルランドでは、「アンチカトリック」「アンチ教会」の風潮も強く、アイルランド人の教会離れに拍車をかけています。さまざまな国籍の人々が暮らすEU加盟国アイルランドでは、宗教の多様化も進んでいます。

しかし、例えば結婚式や葬式はカトリック教会で行う、子どもが生まれた時には洗礼を受けさせるなど、彼らの信仰心とは無関係に風習としてこれらの行事をカトリック式に行うことは一般的です。親戚に合わせる顔がないとか、近所の目があるとか、いわば体裁を守るために慣習化されている側面もあるようです。

一方で私の住んでいるような農村地帯では教会の存在が大きく、日曜日のミサの時間帯に教会の前を通ると、駐車されている車の数に驚きます。

アイルランドの人々が持つ親切心やホスピタリティー、無償のgiveの精神はカトリックの心そのものです。信仰心の有無にかかわらず、カトリック的な人のありようが彼らの社会を形作っているのかもしれません。

アイルランドはまるで一つの村のような国です。北海道ほどの国土に五〇〇〇万人弱の人口という小国に暮らしていると、どこに行っても誰か知り合いにばったり出くわします。また、アイルランドの家族は子だくさんですから親戚の数も膨大です。人を一人か二人介せば国民全員がつながってしまうのではと思われるほど、小さな国なのです。

この国のサイズゆえでしょうか、アイルランドにはお互いさまの精神や社会全体が一つの共同体であるかのような目に見えない一体感があります。また、直接的にも間接的にもみんなが知り合いという意識が働くせいか、概して人当たりがよく、他愛のない会話をしながらお互いの距離を保つのが非常に得意です。

風通しのいい家

自分たちでデザインを考え建てたこの家に暮らすようになって、一年半が経ちました。まだ未完成な家ですが、一生愛していけるかけがえのないホームです。

我が家には電気こそ通っているものの、暖房用のガスとオイルはありません。暖房にはリビングルームにある大型の薪ストーブを使います。薪ストーブはそれだけで絵になりますが、効率的に熱を部屋へ放ってくれる優れもので、実用的かつ環境にも優しいのです。

我が家のストーブにはボイラーが入っており、ストーブが熱くなるとボイラーが過熱し、その熱で寝室やバスルームに設置したラジエーターをあたためてくれます。ストーブの火力で、家全体があたたまる仕組みです。また、ボイラーはお湯も作ってくれるので、前日の夜のストーブの熱でシャワーを浴びることができます。

家を建てる時、夫と話してまず決めたのがソーラーパネルの設置でした。初期費用はかかっても、太陽光というパネルさえあれば得られる自然エネルギーを使わない手はない。

アイルランドで見かけるソーラーパネルはもっぱらお湯を作るのが専門です。暖房のいらない夏場はソーラーパネルでできるお湯を使うので、我が家では一年中ガスもオイルも不要なのです。

お風呂のタイミングはお天気に左右されます。「昨日はずっと晴れていたからお湯がたくさんあるはず。よし、子どもをお風呂に入れちゃおう！」という具合です。曇りの日などは「明日は晴れるみたいだし、シャワーは明日でいいかな」となります。

ソーラーパネルは私たちののんびりした暮らしに合っているのです。

アイルランドの地方では、今でも泥炭（turf ターフ）燃料を見かけます。泥炭は枯死した植物などが炭化したもので、昔から人々の貴重な燃料でした。近年では泥炭採取が環境破壊につながるとして、環境保護団体などが泥炭の切り崩しをやめるよう求めています。それでも夏の終わりになると荷台いっぱいに泥炭を積んだ大型トラックを見かけますし、家族総出で泥炭の切り出しに行くことがアイルランドの田舎の人々にとっては夏の恒例行事となっています。

我が家の燃料はもっぱら薪です。自分たちの土地から出るものだけでは間に合わず、地元農家さんからも購入します。

我が家の土地の三分の一には国の植林事業を利用して植えたノルウェイ楓と栗の木が育っています。四〇〇本ほどあり、まるで小さな林のよう。この木が大きくなってくれれば、薪を購入する必要がなくなります。

電気やガスの暖炉やストーブを持つ家庭もたくさんありますが、皆口をそろえて「味気ない」と言います。本来暖炉のそばは家族がくつろぐスペースであり、そこには本物の火がいつも中心にあったことでしょう。昔は調理の一切も暖炉の火でしていました。火をつけて暖をとる、という考え方がこの国には昔からあるのです。

水は地下水。冷たくおいしい水を毎日供給してくれます。家が点在する田舎では一軒一軒の家に井戸が掘ってあり、水道代とは無縁です。町の人にお茶を出すと「紅茶がおいしい」と大変喜ばれるのも、水のクオリティーのおかげです。

「家が未完成」というのはどういうことかというと——

例えば、入居時にはキッチンがありませんでした。不安定なコンロで料理し、バスルームで食器を洗っていました。ドアのついていない部屋、カーテンのない窓、トイレには洗面台がまだないし、石膏ボードがむき出しの部屋もあります。器用な夫は時間を縫っては収納棚を作ったり壁紙を貼ったり。引っ越した当初は二階に上がる階段もなく、アルミのはしごが立てかけてあっただけでした。木材屋さんで木を買ってきて、夫が階段を一から作っていた時期を懐かしく思い出します。

大工さん、電気屋さん、配管工さんなど多くの業者さんに頼んで作ってもらった家ですが、内装のほとんどは夫と二人で取り組みました。二人目の臨月になっても、石膏ボードで内壁を作っていましたっけ。

手作りの家。少しずつ手を加えながら暮らしていければいいと思っています。

我が家には友人がよく訪ねてきます。ご近所さんもふらりとやってきます。リビングスペースを広く取ったので、五人、六人のお客が一度に訪ねてきても慌てません。敷居が低く気軽に遊びに来てもらえる風通しのいい家。誰にとっても居心地のいい空間であってほしいと思います。

我が家のブラウンブレッド

我が家では、夫がブラウンブレッドを焼くのが習慣になっています。夫は長年レンジに薪をくべて、そのオーブンでブラウンブレッドを焼きます。新しい家に越してからも、この習慣は変わっていません。

レンジ（range）というのは、イギリスやアイルランドに古くからあるもので、人によってはクッカー（cooker）とも呼びます。ガスやオイルで熱くなるレンジもありますが、昔ながらのものは単純に火をおこして、その熱を利用してオーブンで調理をしたり、レンジの鉄板部分が熱くなるのでここに鍋を置いて料理をすることができます。

我が家のレンジは、夫の弟が奥さんの叔母から譲り受けたもので、一九五〇年代のレイバーン(Rayburn)というメーカーのイングランド製です。左のドアを開けてそこで火をおこし、右の扉を開くと二段式のオーブンがあるという作りです。煙は煙突を通って外に出て行きます。六〇年以上経った今でも何の支障もなく、アイルランドで一番おいしいブラウンブレッドが焼ける自慢のレンジです。

ブラウンブレッドとはその名の通り茶色いパン。アイルランドの定番のパンで、「ソーダブレッド」とも呼ばれます。見た目はごつごつしていますが、食べてみると意外に柔らかくほのかな甘味のある素朴なパンです。

我が家では、小麦粉にオート麦(すべてオーガニック)、オリーブ油、塩、ブラウンシュガー、バターミルクを、夫の長年の勘を頼りに目分量で順に混ぜ、一気に三つ焼き上げます。

バターミルクとは、バターを精製する際に出るミルクのことです。ヨーグルトのような酸味があり、ブラウンブレッド作りには欠かせません。

できあがったブラウンブレッドは、表面がこんがりと茶色に輝き、食欲をそそります。焼きたてのパンをスライスして、バターを塗っていただくのが最高においしいのです。

朝はこのブラウンブレッドを焼き色がつくまでしっかりトーストして、バターがスライスの底から染み出てくるほどたっぷり塗って食べます。さらに、ここに自家製のブラックベリージャムを塗っていただくブラウンブレッドは、まさに天下一品です。

地域でつなぐ伝統音楽

大晦日、家族で友人宅に招かれました。

このお宅は毎年大晦日の夜に地域の人々を招いてホームパーティーを開き、アイルランドの伝統音楽と歌、ダンスを夜通し楽しむのが恒例です。地元の音楽イベントやパブ、はたまた近所の店で顔を合わせるなじみのメンバーが集まり、音楽のはじまりです。

この家の子どもたちも大きくなり、彼らと同世代の若者たちが多く集まりました。楽器はフィドル（ヴァイオリン）、コンサーティーナ（小型の蛇腹楽器）、アコーディオン（ボタン式のもの）など。みんな上手です。

家主であるご夫婦は共に私たちの暮らすエリアの出身で、五人の子どもたちはみんな楽器を演奏します。今でも熱心に続けているのはこのうち三人。それもかなりの腕の持ち主です。

小さい頃から音楽に親しませ、とにかくやらせてみる。しばらくして本人の興味が続かなければ強要はしない。自然体で五人を育てあげた彼ら自身、素晴らしいダンサーでもあります。子どもたちの演奏に合わせて踊るご夫婦を見ていると、幸せを分けてもらうような気持ちになります。

大人顔負けの腕前の一〇代が中心でしたが、音楽をリードするのは自然と年輩者。この素直な姿勢がいかにもアイルランドの子どもらしく、また彼らの吸収力のもとでもあるのでしょう。

キッチンで行われる音楽とダンスの宴は、一昔前のアイルランドの風景と変わりません。

世代から世代へ受け継がれていくアイルランド音楽は、決して学校で勉強するようなものではなく、日々の暮らしの中にあります。

田舎ならではの小さなコミュニティーに生きる地元の熟練ミュージシャン、優れた音楽の先生、教わる子どもたち、音楽仲間の輪。彼らが育むアイルランド音楽の等身大の姿が、ここにありました。

アイルランド音楽との出合い

私がアイルランド音楽らしきものを初めて聴いたのは一九九〇年代。高校生の頃でした。

ジャンルを問わず音楽を愛する父がある日買ってきた、エンヤとチーフテンズのアルバム。

今まで耳にしたことのなかったアイルランドのバグパイプ、イーリアンパイプスの悲しく美しい響き。クラシックともポピュラーともつかない無伴奏の歌。ハープが奏でる古い旋律。まるで、強い風の吹くどこか知らない草原に、突如誘《いざな》われたかのようでした。

今思えば決して伝統的な要素ばかりではなかったはずですが、彼らの音楽が運ぶその独特な香りに圧倒されたのです。

こんなに美しい音楽がこの世にはあるのか……！

もっとアイルランドの音楽について、国について、知りたくなりました。

レコード店に通っては、数少ないアイルランド音楽のＣＤの棚の前でずいぶん長い時間を過ごしたものです。

何しろ今のように情報がなかった時代です。手探りのまま、やみくもにＣ

“Do
best
AIB
€3,000
GUINNESS

Dを購入しては聴きあさっていました。しばらくすると幸運な出会いに導かれ、ここから一気にアイルランド音楽の「核」に近づいていくことができました。

このような縁がなかったら、アイルランド音楽に深くかかわることはできなかったでしょうし、今私はここにいなかっただろうと思います。導いてくれた出会いに感謝しています。

アイルランド音楽をただ聴くという行為から、曲を学び、基礎を学び、自ら演奏してみるというステップに移ったのもこの頃でした。


アイルランドに住みたいと思ったことは一度もありませんでした。アイルランド音楽は、私にとって最初から「異文化」として映っていました。自分の中に素養のないこの音楽を知るには、やはりアイルランドに行かなければという気持ちが常にありました。

アイルランドを一度も見ないまま日本でアイルランド音楽をやっていたら、何か違う和製の音楽になってしまうんじゃないか。また、音楽だけを追い求めてもアイルランド音楽の輪郭がつかめず、アイルランド文学や歴史の本も学生時代にずいぶん読みました。

都内に勤めはじめたあとも、休暇が取れるたびにアイルランドを旅行していました。必ず訪れていたアイルランド音楽のメッカ、クレア州。私が初めて訪れた場所は、この州にあるエニスという小さな町でした。この町にあるこれまた小さなミュージックショップ「カスティーズ」（Custys Music Shop）で、初めて自分のフィドルを購入しました。

何度目かの滞在中に現在の夫に出会い、のちに結婚。アイルランドに暮らすこととなります。

人生には予定外のことが起こるものです。

アイルランド音楽は、人から人へ口承で伝えられてきた伝承音楽です。地域の人々が集まる個人宅などで自らの娯楽のために、楽器を演奏できる者は音楽を奏で、ある人は歌い、多くの人々が躍りました。人々の暮らしの中で親しまれる音楽であり、大衆音楽、庶民のための音楽として伝えられてきたのです。

アイルランド音楽には大きく分けて二つの種類があります。

ひとつはダンスのための音楽で、リール（reel）、ジグ（jig）、ポルカ（polka）、ホーンパイプ（hornpipe）などいくつかの種類があり、どれもダンサーたちが踊れるようリズミカルに演奏されます。

これとは別に、スローエアー（slow air）と呼ばれるものはゆっくりと演奏され、美しい旋律を楽しみます。そのほとんどはハープのために作られた曲であったり、古くからの歌がベースとなったりしています。

アイルランドの曲はどの曲も基本的にとても短く、これを何度も繰り返しながら演奏するのが特徴です。近代のダンス音楽ではリールならリール、ジグならジグの曲を二つないしは三つつなげて演奏します。

ミュージシャンたちは曲を何度も繰り返しながら、自然発生的にそこここに変化をつけていきます。アイルランドの曲は短くシンプルなので、わずかな変化も際立つものです。時にスリリングでユーモラスに流動する音楽を演奏家と聴き手が反応し合いながら楽しみ、徐々に高揚感を作りあげていきます。それはまるで人々が会話している時に似て、一度として同じ会話はありません。

ミュージシャンとオーディエンス、という明確な仕切りはなく、同じ空間を共有する人々が共に作りあげる音楽。家族や隣人たちが集い楽しむ中で育まれてきた、アイルランド音楽ならではの姿です。

アイルランドで生まれた子どもたちも大きくなり学校に通いはじめてからは、私もまた少しずつ自分の音楽の世界に戻ることができ、フィドルも弾きはじめました。

地元のパブにときどき出かけ、地域のミュージシャンたちや音楽仲間と音楽を楽しんでいます。

今私の暮らしの中に生きる、生活の一部としてのアイルランド音楽は、最初に出合ったものとはまるで別物です。この土地の人々による、この土地の人々のためのアイルランド音楽。一見何の華やかさもない地に足のついたこの音楽が、私にとっては今一番、心地よく身体に響くのです。

この音楽の形に出合うために、私はここにたどり着いたのかもしれません。

お年寄りが元気

アイルランドに来た頃から、お年寄りが元気だなと思っていましたが、先日も改めてそう思わせる場面に出くわしました。

村のパブで、アメリカに帰国する知人ケイトの送別パーティーがありました。音楽を演奏してほしいということで、ミュージシャンの友人らにも声をかけ、夜の七時から音楽がはじまりました。

この日は彼女の送別会に加えて、メアリーさんという村に住む女性の八〇歳の誕生日パーティーも企画されており、パブはいつにない賑わい。

メアリーさんは、私のようなアウトサイダーにも区別なく話しかけてくる陽気な女性です。村で彼女を知らない人はいません。友だちに囲まれて談笑ののち誕生日ケーキが運ばれてきて、メアリーさんがふーっとろうそくを吹き消しました。おめでとう〜。それにしても、八〇歳の女性の誕生日パーティーをパブでやるとは、いかにもアイルランドの田舎らしい。

しばらくしてやってきたドンさんは、どうやらメアリーさんに「おめでとう」を言うために駆けつけた様子。

ドンさんは、私がフィークルのよろず屋で働いていた頃からとても親切にしてくれ、今でも会うたびにかわいがってくれます。この夜もあいさつ程度に話していたら、「私もそろそろ九〇だからねえ」……！　ドンさんは一人暮らし。足どりも話しぶりもしっかりしているし、車の運転もなんのその。

そしてそしてこの夜はもう一人、名物人物がこのパブに。

マイコーさんはおそらくこの場所で最高齢でした。九二歳。

現役時代は家畜売買のディーラーで、頭の回転が速く、今もその鋭い感覚は健在です。

杖を片手に、昔のアイルランド人男性の定番ハンチング帽にジャケット、革靴のマイコーさんは、毎週日曜日は教会のミサに行き、そのあと村のパブを飲み歩くのが習慣だそうです。毎週どのくらいのお酒を飲んでいるのかは知りませんが、昼から夜までパブに入り浸っていることは確か。この夜もラガーのパイントを片手に、みんなとおしゃべりしながら歩き回るマイコーさん。

彼は音楽も好きで、マイコーが聴いていると演奏もぐーんと張りが出るから不思議です。

子どもからお年寄りまで、いろいろな世代の人々がごっちゃになって楽しんだ夜でした。

真夜中の子どもたち

アイルランド音楽の全国大会で、甥が所属するケーリーバンドが一二歳以下の部門でチャンピオンになった、と夫の弟から興奮の電話が入りました。

アイルランドでは毎年、伝統音楽の楽器や年齢別にコンテストが行われ、今年はその全国大会が北東部アルスター地方カヴァン州で開かれました。全国優勝はとても名誉なこととされています。ますます加熱する競技や音楽の優劣を審査で決めることに関しては賛否両論ですが、全国優勝という結果は誰にとっても嬉しいものです。

甥の所属するケーリーバンド（ダンスの伴奏をする専門のバンドのこと）は、私たちの住む隣の町タラを拠点としており、私たちもお祝いのパレードに行ってきました。

町のパイプバンド（バグパイプとドラムが一緒に演奏されます）が先頭に立って

演奏しながらメイン通りを練り歩き、それからはパブで打ち上げです。
見慣れた顔の地元の人々に混じって子どもたちも音楽のお披露目に来ており、驚くほど立派な演奏。一人ひとりメダルをもらい、先生にお花の授与、感謝の言葉、と何だか学校のイベントみたい。見守る親や音楽関係者もとても嬉しそう、みんながハッピーな夜です。

息子のショーンは途中で眠気に勝てずねんね、リラもほかの子どもたちと遊びながらもぐったりの様子なので、名残惜しいけど帰ろうか……と時計を見るともう一二時！
こんな真夜中にもパブには子どもたちがわんさか、走り回ったりお菓子を食べたり、奥の部屋で演奏に没頭する子たちも。パブのオーナーも子どもたちの立入りには知らん顔です。
何と言っても君たちが主役の夜だもの！　おめでとう、タラ・ジュニア・ケーリー・バンド！

セッションって何？

セッション。アイルランド音楽の世界ではおなじみの言葉ですが、初めて聞く人には具体的なイメージが浮かばないかもしれません。

簡単に説明するならば、

「カジュアルなセッティングにおいて、ミュージシャンたちが集まってお酒を飲んだりおしゃべりを楽しんだりしながら、アイルランド音楽を演奏する場」となりますでしょうか。

辞書でセッションを引くと「（会議などの）開会、会期。（ある活動の）集まり、集団活動」とあります。英語圏に暮らしていると、この言葉は「この前○○という団体が企画したセッションに行って来ました」という具合に、「会合」や「集会」といった意味でもしばしば使われます。

一昔前まで、アイルランド音楽は個人の家で楽しまれていました。現代におけるセッションと言えば、町や村のパブで行われるものを指すのが一般的です。

ミュージシャンの仲間同士が集まり、セッションが自然発生的にはじまることもありますが、たいていの場合はパブの店主があらかじめ雇用したミュージシャン二人ないし三人により進行します。このミュージシャンたちがセッションのホストを務めるのです。その場合「毎週金曜日の夜九時三〇分から」とか「日曜日の午後二時から」というふうに、店の定例セッションの曜

Crehan
2nd-8th

日と時間が決まっています。

多くのセッションには、ホストのミュージシャンたち以外にも共に演奏を楽しみたいミュージシャンたちが参加しています。そのため、セッションでは五〜六人、多い時は一〇人以上のミュージシャンが演奏していることもあります。

参加楽器は限定されていませんが、一般的にはフィドルやアコーディオン、フルート（木製のもの）、コンサーティーナなどアイルランド音楽で使用される楽器がメインで、だいたい二〜三時間、休憩なしで音楽が演奏されます。

セッションは、音楽だけではありません。

参加しているミュージシャンによる歌が入ることもあれば、バーに座っていた聴衆の一人が歌い出すことも、アイルランドではよくあります。語り部（ストーリテラー story teller）と呼ばれる人による、短い話やジョークなどが入ることもあります。これもまた歌と同じで、その場に居合わせた人によって想定外に行われます。

聴衆の中にダンスのできる人が何人かいると、演奏に合わせて八人ひと組のセットが組まれ、ダンスがはじまることもあります。

また、歌い手たちが一堂に集まるsinging session（歌のセッション）というものもあります。この場合は楽器が入ることはまれで、歌い手たちが次々と得意の歌を無伴奏で歌い、セッションが進みます。

パブでの音楽セッションは、コンサートやパフォーマンスを披露する場とは異なり、その場に居合わせても黙って静かに聴く必要はありません。邪魔にならない程度におしゃべりをしたりお酒を飲んだりして問題ないのです。時には、音楽に無関心な客がセッションを完全に無視して大声でしゃべり、ミュージシャンたちにとっては迷惑もいいところ、というシーンに出くわすこともありますが……。

いい音楽は、ミュージシャンたちだけで作ることはできません。音楽に耳を傾け、反応し、楽しんでくれる人々がいてこそ、アイルランド音楽はその最高潮を迎えるように思います。

ルーツは台所

フリーランスのブロードキャスターをしている友人が、数年前に地元のラジオ局でキッチンセッション（The Kitchen Session）というタイトルの特別番組を作っていたことがあります。

クレア州の豊かな伝統音楽を支える人々やミュージシャン、ダンサー、歌い手などを訪ねてクレア各地を回り、個人の家のキッチンを舞台に収録されたユニークな番組でした。

人々は「台所」という小さな空間にひしめき合い、音楽を楽しみます。個人宅という極めてプライベートな場所に、地域の人々が寄り集まって行われる音楽の宴。

これこそがアイルランド音楽における「セッション」の原型であり、番組プロデューサーである友人の趣旨も、このキッチンセッションの雰囲気を再現することにありました。


音楽が暮らしの中に息づく地域には、こうした音楽やダンスの集いをホストする人々が必ずいました。彼らの家には近所の住人や地域の名手が集まり、夜通し音楽が演奏されたといいます。

今でこそ「キッチンセッション」とか「ハウスセッション」という名で知られますが、当時はこんな名称さえなかったはずで、ごく当たり前に存在していた風習と思われます。

村の誰かが異国へ移民したり、数年ぶりに誰かが帰郷する際、また地方を演奏してまわるトラベラーズと呼ばれるミュージシャンたちがその地域を訪れた際などにも、このような音楽の集いが行われていたようです。

これがパブという公共の場所に取って代わったのはそう昔のことではなく、一九六〇年代頃と言われています。つまりパブセッションの歴史はせいぜい五〇年そこそこ、比較的新しい現象なのです。セッションは個人の家（プライベートハウス）からパブ（パブリックハウス）へ、場所を変えていったのです。「見知った友や親戚の家で聴いた音楽の楽しさにはかなわない」と嘆くお年寄りもいますが、パブセッションがハウスセッションの要素をすべて変えてしまったわけではありません。

私の暮らす村のパブセッションを見ていると、ここはまさに地域に暮らす人々にとっての社交の場です。また、その地域に残る曲や歌、ダンスやストーリーを繰り返し共有し、今なお育む場でもあるのです。

II
The Chattering Magpie

The Chattering Magpie F#

BGAF DGGA B–GE FDCA
BGAF DGG– FGAB C–DC
BGAF DGGA BG–– FDCA
BGAF DGGAG EFGAB C–BC

DGGF G–BG DGGAG FGAF
DGGF G–DG BGAG FDCA
DGGF GABG DGGAG FGAF
DGGF G––A BGAG FDCA
finish on G

おしゃべりなオナガ(G)　2部構成リール．その名の通り尻尾の長いオナガは，アイルランドでもおなじみのカラス科の鳥．人の目を盗んでは飼料を食べに来て農家を悩ませる．歌うことはできずとも，おしゃべりは得意．

ふんフン糞

三月、我が家はそろそろ今年の畑に向けて準備をはじめます。グリーンピース、そら豆などはサンルームのポットの中ですでに発芽しているので、今週中には畑を耕したいところ。

この冬も馬を飼育する友人からたっぷりの堆肥をもらいました。

冬になると、隣町タラに住むケヴィンさんは自分の馬を自宅裏にある納屋に入れます。日々納屋にたまる馬糞。二頭も三頭もいるとその量も相当なもので、掃除が大変です。

以前はトラックに積んで自分の私有地に捨てに行っていたケヴィンさん。私たちが畑用に堆肥を探していると知ってから、多い時には毎週末のように電話をかけてきてくれます。

「プレゼント、いる？」

私たちにとっては、ただでこんな栄養満点の堆肥がもらえるのですから大助かりです。

馬が食べた草↓馬糞↓畑↓野菜。

なんと素晴らしいサイクルではありませんか！

村で迎える聖パトリックの日

三月一七日は、アイルランドでは聖パトリックの日という祝日です。日本では東京をはじめ多くの都市でこの日にちなんだパレードが行われ、報道もされるようになりました。私も日本に住んでいた頃は表参道のパレードに毎年参加していたものです。

聖パトリックはアイルランドにキリスト教を広めた偉大な聖人。三位一体を説くのにシャムロックの三枚の葉を使ったとされる話はあまりにも有名で、ここからシャムロックがアイルランドのシンボルとなりました。

パトリック（Patrick）はアイルランドではいつの時代も根強い人気の男性名です。Paddy（パトリックの愛称の一つ）は、アイルランド人の総称として使われることもあります。

聖パトリックの日、教会のミサに行く以外にアイルランドではどんなことをするのでしょう。おめでたい祝日ということで夜はお酒の消費量が増える日でもありますが、特にこれといった風習はなく、それぞれ地元のパレードを見に行く程度のようです。

ダブリンのパレードは観光の要ともなっていて、テレビで毎年生中継されるほど大規模ですが、聖パトリックの日のパレードはダブリンだけでなく、

アイルランド全国の各市町村で行われています。小さな町や村のパレードは、地元の商店や飲食店が出す宣伝カー、音楽やダンスのグループ、地元のスポーツチーム、地域に暮らす人々が所有するヴィンテージカーやトラクターなどが通りを行進し、それを人々が見物するというスタイルです。

音楽やダンスなどアイルランドの伝統をアピールする様子はなく、地域密着型のパレードなのです。

聖パトリックの日のパレードは、そもそもアメリカではじまりました。アイルランドらしいものを見たい場合は、ロンドンやニューヨークのパレードのほうが楽しめるのかもしれません。アイルランド移民を多く抱える国々のパレードは、聖パトリックの命日を祝うだけでなく、アイルランドの歴史文化を普及する場だからです。

「聖パトリックのパレード時に緑色のものを身につける」というのも、アメリカから逆輸入されたアイディアだそう。

子どもや一部の若者を除いてたいていのアイルランド人はふだん着。あえて身につけるものと言えば、政治家やテレビのニュースキャスターがシャムロック（植物）の束を胸元に飾るぐらいでしょうか。

六歳の娘のリラは去年も学校で聖パトリックの日のためにデコレーション

を作ったりしていたので、今年は何を持って帰って来るかな～と思っていたら、シャムロックのついたアイルランドの国旗でした。緑、白、オレンジの三色をきれいに塗って、その上にシャムロックが乗っています。シャムロックは緑の色紙を小さくちぎって丸めたものをのりでくっつけて作ったのだそう。よくできています。

それを見た弟のショーンは予想通り「僕のも作って～」。さっそく創作開始です。

フィークルの村のメインストリートでも小さなパレードが行われるので「明日見に行こうか」と言うと、リラは「これを持ってく！」と大興奮。「ショーンも！」ということで帰宅した夫にガーデニング用の竹ざおを短く切ってもらい、手作りの旗にしました。

翌日。パレードの時間に村のメインストリートに行ってみると……道で出会った友人が「パレード、もう行っちゃったわよ！」「えっ?!」「あ、でももしかしたら往復してくるかもしれない」。

待つこと数分、友人の言葉通り折り返してきてくれたのでホッとしました。四つほどのグループ（子どものダンスクラブ、村の猟銃クラブなど）が参加したパレードは、わずか四分で終了。

これだけ?!

顔見知りが多くいたので彼らとのおしゃべりも楽しく、子どもたちもいつもと違う雰囲気を満喫できたので……よしとしましょう。

十字路で踊る

聖パトリックの日にフィークルのパレードを見ていたら、九〇歳の私の友人、ドン・パーセルさんに会い、面白い話を聞かせてもらいました。

今ではごくまれですが、その昔、アイルランドでは道の十字路、交差点で行われるクロスロードダンス（crossroads dance）が盛んだったそうです。屋外でミュージシャンが演奏し、男女がペアになって踊るその光景をよく思わなかったのは、地元のカトリック教会でした。

多くの男女が公の場で交わるとは不謹慎である。とりわけクロスロードダンスは人の数も多く、屋外なので隅々まで管理の目が行き届きません。教会はこれに不安を覚えたのでしょう。ダンスや音楽を禁じはしなかったものの、このようなダンスの場をコミュニティーホールなどの屋内施設で行うよう促したのです。

ドンさんの話によると、フィークルにも快く思わない司祭がおり、クロスロードダンスが行われるたびに、「あの十字路には悪魔がいる。何かよからぬことが起こるに違いない」と言っては人々に自粛を求めたのだそうです。アイルランドでは昔から十字路には悪魔が住むという言い伝えがあるのです。司祭はこれに上手くかけて話をしていたに違いありません。

では果たしていつ頃まで、このクロスロードダンスは行われていたのでしょうか。近くに住む農夫のショーンに訊くと、一九三〇～四〇年代まで続いていたのではないかとのこと。「だってわたしゃ憶えてないもんね」。ですから、ずいぶん昔のことのようです。

さて聖パトリックの日の翌日、地元でちょっと面白いイベントがありました。隣町タラに完成したミュージックセンターでは、ここ東クレアの伝統音楽、歌、ダンスの資料展示をはじめ、ふだんから地域の人々のためのレッスンやコンサートを行っていますが、この施設への寄付金を集めるウォーキングです。ウォーキングのコースにはあらかじめ小さな立て札がところどころに立っています。

「ここは〇〇の生家だった場所です」

「この家にはよく人々が集まり音楽やダンスを楽しみました」というように、地域の音楽の歴史がウォーキングをしながら体験できるというわけです。

ウォーキングには一〇〇人以上の人々が参加しました。地元の人々ばかりです。私も友人と一緒に八キロの距離を一時間半かけて歩きました。

題して「イーストクレア・ミュージカルウェイ（East Clare Musical Way）」。五五差路を出発し、我が家の近くの急こう配の坂を上り詰めてから、ゆるやかに丘を下るようにして再びクロスに戻ってくるというコースです。五本の道が交差するこのクロスは我が家から車で五分ほど。子どもたちのスクールバスの送迎場所でもあります。

歩き終えると、あつあつの紅茶とスコーンがふるまわれ、地元のミュージシャンたちによる音楽がはじまりました。音楽がはじまれば自然とダンサーたちが集まり、四組の男女が輪になってセットを組み、躍り出します。今も昔も変わらない、クロスロードダンスのスタートです。

アイルランドのダンス音楽は、上流階層を中心に発展した宮廷音楽ではありません。

大衆音楽、民俗音楽などさまざまな呼称があるようですが、つまるところの「普通の人々による普通の人々のための音楽」。

プロとアマチュア

昔は家族や親戚、近所の者同士が集まると、自然と音楽がはじまりました。演奏する人、踊る人、歌う人。そしてそれを楽しむそのほかの人々。

音楽を演奏することに、それ以上の意味はありません。彼らにとって楽器が演奏できることは、何も特別なことではないのです。

この「アイルランド音楽のかたち」とでもいうようなものは、二一世紀の今も基本的には変わっていません。

どういうことかと言うと、一見どこにでもいそうなごく普通の隣人が、実は素晴らしいミュージシャンであったりします。プロではない、いわばアマチュアのミュージシャンたちが、アイルランドにはひしめいているのです。

彼らには本職があります。小学校の教師、店のスタッフ、オフィスに勤めるビジネスマンから看護士、農夫、営業マンなど、職種はさまざまです。そんな彼らは、夜になるとパブのセッションのホストを務めているかもしれません。はたまた海外ツアーに出かけたり、アルバムだって出しています。

そうした、演奏家としての腕前はプロと何ら変わらないアマチュアたちが、アイルランドにはごまんといます。「プロ＝トップクラス、アマチュア＝中級」という図式は当てはまらないのです。

彼らは音楽で食べていく必要性がないためか、基本的には伝統的なスタイルに忠実です。このスタンスのアマチュアのミュージシャンたちこそが、今も昔もアイルランド音楽を支えています。これはアイルランド音楽の大きな特徴の一つです。

アイルランド音楽のプロとして世界中をツアーするミュージシャンたちもたくさんおり、日本でもコンサートなどが行われています。

しかしそんな彼らも、ひとたび自分たちの故郷に帰れば、パブの片隅で地域のアマチュアミュージシャンたちと肩を並べ音楽を演奏しています。彼らは同じ音楽を愛する隣人同士であり、幼い頃から共に音楽を学んだ友人同士。ここにプロとアマチュアの境界線はありません。

どんなに名の知れたプロのミュージシャンたちも、結局みんなここから出発しているのです。

この国の内側からアマチュアのミュージシャンたちが支える、普通の人々による普通の人々のためのアイルランド音楽。彼らの存在なくしてアイルランド音楽を語ることはできません。

一見地味で、人によっては物足りなく感じることもあるかもしれません。でも知れば知るほど、聴きこめば聴きこむほど、この音楽が与えてくれる豊かさが私たちを魅了してやみません。

パンケーキを食べる火曜日

アイルランドの暦にはShrove Tuesday、一般的にPancake Tuesdayと呼ばれる日があります。キリスト教暦で、イースター前の四旬節がはじまる前日の火曜日です。

イースターは紛れもなく、イエス・キリストが死から復活した日です。この復活祭までの四六日間＝四旬節は、キリストの苦難を人々が共に乗り越える、節制の期間とされます。

その四旬節第一日目の水曜日は、灰の水曜日(Ash Wednesday)。アイルランドのカトリック教徒の人々は教会へ行き、司祭によって額に灰で十字を描いてもらうのが習わしです。

四旬節になると、人々は今でも質素な行いを心がけます。この習慣は食生活において顕著で、贅沢な食材を避け、何より肉類の摂取が減ります。最近では、四旬節にちなんで禁煙にトライする、車を使わずなるべく歩く、イースターサンデーが来るまでフェイスブックを一切やらない！という人までいるようです。

実際には「一応四旬節だけどね、でもお肉食べたいし」という人々が多く、肉を一切口にしない厳格な信者は少数派ですが、お肉屋さんは売り上げが落ち、魚屋さんが忙しくなるのは今も昔も変わりません。乳製品や卵、砂糖なども贅沢品となり、控える傾向にあります。

四旬節の前日である火曜日にパンケーキを作って食べるのは、イギリスとアイルランドにある習慣のようです。今のうちに卵、バター、砂糖などの入ったパンケーキを作って食べておく。また、家にあるこれらの食材を四旬節前に使い切る、という現実的な理由もあったことでしょう。

子どもたちの通う村の小学校でも、毎年パンケーキを作ってみんなで食べます。

アイルランドの子どもたちは、バターとお砂糖のたっぷり乗ったパンケーキをたくさん食べられるこのパンケーキ火曜日が大好きなのです。

まだまだ四旬節

エニスの町にあるご用達のお肉屋さんの前に、どーんと掲げられた手書きの看板。

Fresh Fish Daily ――「新鮮な魚、毎日あります」

四旬節はお肉屋さんにとっては売り上げが伸び悩む時期。そこで登場したのが、四旬節の期間だけ鮮魚を売るお肉屋さんというわけ。

子どもたちは二週間のイースター休暇で学校がお休みです。夫の仕事もいつもとスケジュールが違います。今週の金曜日はいつも通りにエニスのミュージックショップで働くものと思っていたら、

「休みだよ、聖金曜日だもん」

聖金曜日(英語ではGood Friday)は「受難日」「苦難日」とも呼ばれ、キリストが十字架にかけられた日を指します。アイルランドでは、この聖金曜日には営業をしない店や通常より早く業務を終える企業も多いようです。

教会では大がかりなミサが行われるのが普通で、昔はこの日一日は何も食

べない、断食する人々もいたと言います。

今でも聖金曜日にお酒を飲むことはカトリック社会においてタブーであり、この日に酒屋やパブ、レストランなどがアルコールを販売することは、ごく最近まで法律で禁止されていたほどです。

アイルランドの人々にとっては、「最も慎むべき日」なのです。

三月のごちそう、ムール貝採り

三月下旬の週末、友人からこんな誘いがありました。

「明日バレンの近くにムール貝を採りに行くんだけど一緒に来る？」

二日酔い気味の夫を起こして、大潮の時間に合わせて出発です。

「ここがスポットだよ」と友人に案内されて海に到着したはいいものの、ムール貝の姿はありません。どこにあるんだろうね、と夫ときょろきょろ。持参したサンドイッチで早めのランチをしていると、息子のショーンがどこから腕いっぱいの海藻を持って自慢げに登場。

しばらくするともう一台車がやってきて、ムール貝狩りのエキスパート、リズさんと旦那さんのアランさんが到着です。さっそく泥だらけの浅瀬を歩いて案内してもらい、ムール貝狩りがはじまりました。

海藻で覆われた岩の表面にぎっしり貝がくっついており、素手で簡単に採ることができます。一五~二〇分ほどで、あっという間にバケツは貝でいっぱいになりました。

この貝、英語ではMussel（マッスル）と言います。辞書で調べてみると、日本語ではムール貝の仲間でムラサキイガイとかイガイと言うそうです。アイルランドでは魚屋さんでもよく見かけるお手ごろ価格の定番シーフードです。


その日の夕方、さっそく自宅で大鍋いっぱいの天然のムール貝とにんにく、バター、塩を加えて火にかけ、いただきました。子どもたちも貝殻から身をはずして食べるこのディナーが大好きです。調理後に鍋に残った水分は、風味たっぷりのだしとして翌日シーフードチャウダーを作るのに使いました。こちらも大変美味。

リズさんによると、ムール貝は四月に入ると繁殖をはじめるため、採るのは三月下旬まで。この時期のムール貝は繁殖に向け栄養をたっぷり蓄えています。

まさに三月下旬のごちそう！です。

BASIC SKILLS
School
Surf

春の知らせ

先週の土曜日に今年初めてツバメを見ました。いよいよ春です。

我が家の前の納屋にもツバメの巣があり、五月、六月は忙しいツバメの姿を毎日見かけます。それが、去年からこのツバメの巣を使ってミソサザイが子育てをはじめてしまい、泥で作られたツバメの巣は集められた苔でいっぱい。ツバメはこのミソサザイを追い出すでもなく、ひな鳥たちが巣立つまで辛抱強く待ち続けていました。今も、青々とした苔が巣から落ちてきそうです。

そろそろカッコーの声も聞こえる頃です。こんな風に鳥が春を知らせてくれるのは、田舎生活ならではです。

クレアの州都エニスに入る途中の、道路沿いに植えられた八重桜がやっと咲きはじめました。このぼてぼてとした濃いピンクの八重桜はアイルランドでも人気があるらしく、街路樹や人々の家の庭先によく植えられています。日本のほんのりピンクがかった白い一重の桜は可憐で、散る姿も清清しいですが、アイルランドではあまり見かけません。残念。

水仙は盛りを過ぎて、ブルーベルの花があちこちで咲いています。在来野生種の、群れるように咲く青い清楚な花です。木々もいっせいに芽吹いて、とても美しいアイルランドの季節です。まだまだ肌寒く、今日は暖かいと言いながらも気温は一三度ほど。早朝には霜も下りて、牧草地はところどころ真っ白でした。

四月を彩る花々よ！

二週間のイースター休暇は畑仕事に忙しい毎日。

家の周りは花々で彩られます。

フラワリングカラント（Flowering Currant）はうつむくようにして咲きます。蕾は濃いピンク、花が咲くと薄ピンク。この二色のとり合わせが私は大好きなのです。

日本語名で探すと「レッドフラワーカラント」と出てきますが、私はどこかで見かけた「花スグリ」という名前で呼んでいます。ユキノシタ科の低木で、春になると一番に花を咲かせてくれます。

我が家の林のある土地に、垣根として植わっている花スグリ。何かの薬のような独特の香りがします。私はこのにおいもとても好きで、花スグリのそばを歩くだけで幸せになります。

今年の春、見事に咲いてくれたのがブラックトーン（Blackthorn スピノサスモモ）です。誰と話しても「今年はブラックトーンの花が見事だね」と言いますから、当たり年なのでしょう。自然界に咲く花を観察していると、毎年花つきが違うことに気がつきます。その年のお天気や、前年がどんな夏だったか、どんな冬だったかなどによって左右されるようです。ブラックトーンは鋭いトゲのある木ですが、黒い幹に白い花がよく映え、大変美しい四月の花です。

場所を選ばずあちらこちらに咲く黄色い花は、アイルランドを訪れたことのある人なら見覚えがあるのではないでしょうか。ゴース（Gorse ハリエニシダ）という低木です。繁殖力が強いので、農夫の人たちなどは忌み嫌って焼き払ったりもしますが、しつこく根を伸ばしてくるマメ科の美しい植物です。花の香りを初めて嗅いだ時は誰しもびっくりします。なぜか、ココナッツの匂いにとても似ているからです。

花スグリの足元にスミレを見つけました。日陰や半日陰の場所を好んで咲く野生のスミレは可憐です。花壇に植わった園芸用のスミレにはない魅力があります。

アイルランドの四月は、次から次へと花が咲きはじめる美しい季節です。

日曜日の卵配達

我が家から歩いて五分足らずのところに、キアラという女の子が住んでいます。

彼女の家にはたくさんの動物がいて、ヤギの乳をしぼってチーズを作ったり、馬を使って農地を耕したりと地に足のついたライフスタイルを実践しています。

キアラの担当はニワトリ。自由奔放に歩き回るニワトリを毎日世話し、毎朝卵を集めて箱詰めします。ニワトリの種類もまちまちで、卵のサイズも小ぶりだったり特大だったり。

毎週日曜日の朝になると、キアラは自転車か馬に乗って近所を回り、卵の販売をしているのです。まさに直売の地元食材です。

冬の間はニワトリが卵を産まなくなって困っていたようですが、ここ一か月ほどでまた産みはじめて、毎週新鮮な卵が再び我が家にも届くようになりました。

今週の卵のケースを開けてみると、あまりにバラエティー豊かな色と形の卵に思わず「ふふっ」と笑みがこぼれます。

スーパーなどで販売される卵はこうはいきません。大規模農場のニワトリは品種も一種類、生産される卵はたいてい大か中に分別されてパッケージされ、それからスーパーなどの小売業者にトラックで流通され、消費者の手に届きます。

キアラの卵は文句なしのトップクラスです。彼らの農場は農薬も使わなければ、飼料もすべて無添加、ＧＭ対策済み。どこから見ても合格のオーガニック食品です。

今、アイルランドでもローカルフード（地元産の食材）への関心が高まっています。

ふだんはスーパーで買い物をする人々も、「自分の地域で野菜や乳製品が買えるとしたらどうですか」と問われれば、多くの人が「できれば地元の食材を買いたい」と答えることでしょう。

スーパーで買う卵は安価ですが、その価格の中には燃料費や流通コストも含まれ、商品がたどり着くまでには時間もかかります。この買い物の仕方よりは、新鮮でおいしくて安全で、何より生産者の顔の分かる卵のクオリティーにお金を出すほうが、私はいいなあと思います。

ところで、キアラはニワトリもさばけます。

彼らの家を訪ねた際にキアラの姿を見かけたので「何やってるのかな」と眺めると、包丁を手にまな板は血だらけ……！　いつもかわいがって世話をしている自分のニワトリをさばける高校生の女の子は、なかなかいないのではないでしょうか。

自然を食す　イラクサ

四月。なかなか安定しないお天気が続くアイルランドですが、それでも鳥はさえずり、木々や植物はいっせいに芽吹き、冬の姿はさすがにもうありません。この季節にだけ毎年収穫する植物があります。

イラクサです。英語ではネトル（Nettle）といいます。

私が摘んでいるのは西洋イラクサと呼ばれる種類のようですが、いわゆるワイルドフード、野生で育つ食材の一つです。近所の道沿いなどそこらじゅうに生えているので、子どもと散歩がてら摘みました。

葉、茎には目に見えないほどの細かいトゲのような毛が無数にあります。トゲにはヒスタミン等が含まれ、素手で触るとビリビリッと痛みを感じ、ひどい時には触れた部分がみみず腫れのようになります。ひりひりと痛むので、子どもたちには注意が必要です。

そんな毒素のある植物を食べても大丈夫？と思われるかもしれませんが、しっかり火を通せば大丈夫などころか独特の風味と食感があって非常においいしい上に、栄養豊富なスーパーフードの異名を持つ立派な食材なのです。生長しすぎると筋っぽくなり調理には使えなくなるので、芽が出はじめた頃の若いものを摘むのが原則です。

イラクサを使ったレシピには、イラクサ茶、イラクサのペースト、イラクサワインなどその独特の香りを楽しむものが多いようです。最も知られているのはイラクサのスープでしょうか。

我が家でもこのネトルスープをよく作ります。イラクサの味はどの野菜とも違い、一度食べると忘れられません。

「オムレツもおいしいよ。でもおすすめは油で炒めたイラクサ」とは、ある友人の話。

さっそくこちらも試してみました。私はショウガのみじん切りと卵を入れて、キャベツやほうれん草の代わりにイラクサを投入。とってもおいしかったです。

ただ、その友人には苦い経験が。イラクサを炒めて食卓に出し、さっそく食べたらイラクサのビリビリッ！が口と舌を猛攻撃！　火の通し加減が足りなかったそうで、イラクサのトゲが残っていたのだそう。痛そうだな〜……。

招かれざる客

子どもたちに朝食をあげながらランチボックスにサンドイッチを詰めていると、娘のリラが突然、「ママー！　ガーデンに馬がいるよー」

「へっ！」

外を見ると、なんと私たちの畑の周りを馬がウロウロしているではありませんか！

うわー、大変っ！　それも一頭や二頭ではありません……六頭もいる！

大パニックになった私は、意味もなくリビングルームをぐるぐる回ったりして、我ながら呆れます。ただでさえバタバタと時間のない朝、しかもこういう時に限って夫はイタリアに演奏旅行に行っていて不在です。

私がどうにかしなければ！

動転する頭のままとにかく外に出ますが、馬たちは私の姿を認めるといっせいに植林をしている隣の土地へ逃げこみます。ああ〜、畑にも入ってほしくないけど、木のほうにも行かないで——っていうか、早く出て行って〜！

しかし何度やっても同じこと。これでは埒があきません。一体どうやって自分たちの土地から追い出していいのか分からず、またも右往左往する私。まことに情けない。

誰が飼い主かも分からぬ今、まずはこの馬たちを追い出さなくては！

近所に住む、馬を数頭飼っている友人にとりあえず電話をかけてみます。とりとめもなく事情を話すと、「どこから出てきたか分かった気がする。とにかく今から行ってあげるから待ってて」。

子どもたちをどうにかスクールバスまで送り届けてから、今度はもう一人のご近所さんを訪ねて馬の主を訊いてみると、「馬は何色？　あ、それならアンにも訊いてみるわ」とさっそく連絡を取ってくれます。皆さん迅速に動いてくれました。

駆けつけてくれた友人が手綱やロープを持ってきてくれたので、これを使って一頭を慎重にとらえ、残りの五頭を後ろからついて来させる作戦で、見事私たちの土地からは脱出、もともと馬たちのいた近所の土地に戻すことができました。これぞご近所パワー、見事な連携プレイ。ありがたいことです。見ると家畜用ゲートの脇に張られたフェンスは粗末なもので、あっさりと踏み倒されていました。「ここから逃げ出したのね」

「馬」と思ったのは大半が一回り小さいタイプのポニーで、友人曰く「救助されたポニーたちなのよ」とのこと。

アイルランドは不況のおかげで馬の飼育がままならなくなる人が後を絶ちません。この六頭のポニーのように、動物救援の施設は飼えなくなった馬であふれかえっているそうです。どうりでがりがりに痩せていると思った。毛並みの悪いものもいて気の毒でした。

レスキュープロジェクトをしている女性とも連絡が取れ、彼女が車で駆けつけたところでばったりと会いました。「迷惑かけてごめんなさいね。結構なダメージがあった？」

「いいえ、大丈夫です。どうにかなります」と答えるしかありません。こんな時には、アイルランドではお互いさまという感覚が先に立つものです。

おそるおそる馬のいたあたりを見回ってみると……あーあ。ここには種をまいていたのになあ。蹄の形をした無数の深い穴の後始末は大変です。ああ、泣けてくる。

とは言え、家畜が逃げ出すのはアイルランドの田舎ではよくあること。数日前にも近くの農夫さんが「牛三頭見なかった？」と探しに来ましたっけ。五月ともなると牧草地の草はものすごい勢いで伸びはじめ、馬や牛にとっては心躍る季節でしょう。痩せ細った馬たちも、さぞかしのびのびと食事を楽しんでいることと思います。

いっぱい食んで早く健康な体になるのだよ！

カトリックの村の学校

子どもたちが学校から帰ってくると、聞き慣れない歌を口ずさんでいることに気がつきました。よくよく聴いてみると、どうやら子ども向けの「お祈りの歌」のようです。

春になると、生まれた時に洗礼を受けた子どもたちが教会で受ける、初聖体（ファーストコミュニオン First Communion）という儀式が行われます。カトリックの国であるアイルランドでは、子どもの初聖体は家族親戚が一堂に集まって祝う一大行事です。アイルランドの一般的な公立小学校はすべてカトリックスクール。よって、初聖体の儀式の準備は学校が主体となって行われます。これはアイルランドの教育が教会によって運営されていた歴史の名残で、今でも学校と教会の結びつきが強いのです。

ここ二週間ほど、全学年で初聖体のセレモニーに向け準備をしているらしく、子どもたちが覚えてきた新しい歌もこの儀式で歌われるようです。

子どもたちをお風呂に入れていると「僕はワニ〜、こんなに素敵な笑顔をくれてありがとう〜、ジーザス〜」と大合唱です。夫は苦笑いしながらもブチブチと文句、私は大爆笑。

子どもたちの通う村の小学校も、ほかの公立学校と同様にふだんから「宗教」の授業があります。毎朝授業の前には生徒と先生が一緒になってお祈りをし、一日がはじまります。

子どもたちが学校から持ち帰ってくる作品や絵の中にも、いかにもカトリック的なモチーフがあり、私はいつも「へぇ〜」と興味深く見ています。

娘のリラが描いた教会らしきものの絵。

木製の洗濯ばさみを使って工作した、十字架にかけられたキリスト。

「先生がね、この十字架は家の中のお祈りをする部屋に飾っておきなさいって言ってたよ」……そんな部屋は我が家にはございませんが。

きわめつけが、ショーンが持ち帰ってきた、子どもたちと遊ぶキリストのぬり絵。

Jesus is our teacher（ジーザスは、私たちの先生です）という印刷文に続けて、ショーンの手書きでHe teaches us to love（ジーザスは、私たちに愛することを教えてくれます）とあります。こんなことを教えているんですね〜。面白い。

初聖体を受けるのは小学校二年生、リラのクラスの子たちです。我が家はカトリックではなく、子どもたちに洗礼も受けさせていないので出席しません。

アイルランドという国に住んでいる以上、カトリックの風習や教育から逃れることはできません。これがアイルランドという国の姿であり、一般的なアイルランド人の姿だからです。

アイルランド人である夫はカトリックの家庭で育ち、それゆえの反発心があるようですが、私自身はカトリック教徒でない我が子どもたちが、こうした教育を受けることにそれほど抵抗を感じません。むしろ、アイルランドに生きるレッスンという気持ちで、面白く観察しています。

それにしても、学校で行われる初聖体の準備というのは確かに厄介です。カトリックでない親たちは、子どもたちがつまはじきになるのではと心配ですし、かと言って「仲間外れにならないように」という理由で初聖体を受けさせるのも、間違っているように思います。

私たちのような親にとっては早く儀式が終わってほしい、悩める季節なのです。

III
The New Mown Meadow

The New Mown Meadow　C# F#

BEED　E-FA　B-CA　BAFA
BEED　E-FA　A-BA　FEFA
BEED　E-FA　BD'CA　BAFA
D'--B　C--B　ACBA　FEFA
FAA-

E'-CE'　F'E'CD'　E'-CA　BAFA
E'-CE'　F'E'CB　ACBA　FAAF'
E'-CE'　F'E'CD'　E'-CA　BAFA
D'--B　C--B　A-BA　FAA-

刈りたての花咲く草地(Em/A)　2部構成リール．1部2部2回ずつ演奏．農家に機械がなかった時代，牧草地には今よりずっと多くの野花が咲き乱れていた．馬やハンドツールで草を刈り，冬に備え干し草を作った．

ジャガイモとアイルランド人

夫のパットはミュージシャンです。楽器はフィドル（ヴァイオリン）、アイルランドの伝統音楽を演奏します。

そんな夫が、三週間強のアメリカツアーを終えて昨日帰国しました。早朝六時二五分にシャノン到着の便。五時にたたき起こされた子どもたちは「明日の朝は早いよ、ダダを迎えにシャノン空港に行くんだよ、ちゃんと起きてね」と言い聞かせていたのが効いて、眠い目をこすりながらも素直に起きてくれました。空港までは車で四五分ほどの距離です。明るくなりかけた空を見上げながら、人っ子一人いない道路を走ります。

無事に帰国した夫の姿を見ると、子どもたちは駆けていって大喜び。やっぱりダダはいいよね。みんなニコニコ、ハッピー、嬉しい瞬間でした。

帰宅するとさっそく朝ごはんです。いつもの紅茶もよりおいしく感じられるようで、夫は「ティーがおいしいなあ～」としみじみ。アメリカではやはりコーヒーを飲むことが多かったようです。

夫はその後ベッドへ直行。五時ぐらいまで熟睡して、起きてきたと思ったら、「夕飯はジャガイモにしよう！　ジャガイモ食べてもいい？」

「それはもちろんいいけど……」と言うと
「畑からジャガイモとってこよう！」

「へっ？ うそでしょう？ 帰ってきて早々そんな重労働しなくても……ジャガイモなら買ったのがあるじゃない」

「いやいや畑のジャガイモのほうが絶対においしい！ イモ！ いも！ 芋〜！」

数分後、夫はすでに長靴を履き、ガーデニング用フォークをかついで畑へ。小雨の降る中、強風にびゅうびゅうとあおられながらジャガイモを掘る後ろ姿がリビングルームから見えます……。

これぞアイルランド人のジャガイモ執念。

そういえば、空港からの車中でもジャガイモの話になり、「アメリカでもジャガイモは食べたけどおいしくなかった」と言っていましたっけ。

畑から数種類のレタスの葉を収穫してサラダを作り、サーモンを焼いて今年初の新じゃがと共にいただきました。

ジャガイモの銘柄はブリティッシュクイーン。それはそれはおいしい、ホクホクのジャガイモでした。

ジャガイモはアイルランドのソウルフードとよく言われます。「アイルランドの主食はジャガイモ」ということで、これは揺るぎのない事実です。

アイリッシュ・インディペンデント紙の農業のページを読んでいたら、アイルランドのジャガイモに関する記事が載っており面白く読みました。ヨーロッパには一六世紀にジャガイモが紹介され、アイルランドでは一六六三年に初めてジャガイモが収穫された記録が残っているそうです。近年、米やパスタなど新たな炭水化物食品がアイルランド人の食文化にも浸透し、一九世紀と比較するとジャガイモの消費率が減ってきているのだとか。昔はほぼすべての家庭でジャガイモが育てられていましたが、近年にはジャガイモ業者が現れ、ダブリン、ドニゴール、ミース、コークなどに集中しているとのことです。

面白いのは、アイルランドの地域によって、主に西部と東部では、好まれるジャガイモの品種が異なるという話。風土や気候なども東部と西部で違うので、地域農業の歴史にも関係しているのかもしれません。

さて、ジャガイモには、大きく分けて二つの食感があります。

ふかすと粉をふいたよう仕上がるジャガイモ（floury 粉っぽい）と、ぺっとりと蒸しあがるワックス状、もしくは石鹸状（waxyとかsoapyと言います）のジャガイモ。アイルランドでは圧倒的に粉っぽいジャガイモが愛されるのに対し、お隣のイギリスやヨーロッパ大陸では一般的にワックス状のジャガイモが人気なのだとか。

夫はもちろん、私自身もふかすと粉をふくホクホクのジャガイモが断然好きです。このタイプのジャガイモが好きな国民はアイルランド人だけ？という話にも、ちょっと驚きました。

トウモロコシを知らない義父

夫の実家でディナーの最中、リラがトウモロコシにかぶりついていると、義父が一言。

「なんじゃそりゃ、野菜か？」

義父ダンの食生活は極めてトラディショナル。毎日のディナーはたいていアイルランド家庭料理の定番「ベーコン&キャベッジ」ですし、口にする野菜と言えばジャガイモ、キャベツ、にんじん、玉ねぎ、パースナップ、ターナップ……本当にそれぐらいです。

以前に私が町で買ってきたカボチャを見て、

「かぼちゃか、それどうするんだ？　食べるのか？」

とダンに訊かれたことがありました。

義父が断固として食べない野菜はたくさんあります。カリフラワー、ブロッコリー、グリーンピース、レタス、トマトをはじめ、なすやピーマン、きゅうりなどはもってのほかです。

そんなわけで義父の食生活はとても質素ですが、生まれてからずっと慣れ親しんだ自分の食事に忠実なのは、決して悪いことではなくむしろ自然の姿なのかもしれません。

早朝の客

私たちの暮らす村から車で四五分ほどのところにあるリムリック市は、アイルランド西部でも大きな都市のひとつです。週末に家具を求めてリムリックに行ってきました。

目的の家具屋はアイルランド資本の老舗です。どっしりとした構えのマホガニー家具なども扱ういい家具屋で、籐製のシングルソファを二脚と寝室用の洋服ダンスを買いました。

一九二一年創業ということで、店構えといい接客といいすべてが格式を重んじる様子。アイルランド的なカジュアルさはありません。「こんな気取った家具屋がアイルランドにもあるんだね」と夫と二人で笑っていました。

家具の配達は午前中ということでしたが、朝八時半に電話が入り、もうこちらに向かっているとのこと。運転手が電話口で夫のことを「Mr O'Connor」なんてわざわざ呼ぶので、「マニュアルが一貫してるわねえ」などと思っているうちに、トラックが到着。時計を見ると九時。

トラックから出てきた男性二人はにこやかで感じが良く、おまけに強いリムリック訛り。家具を慎重に運び入れる最中、夫が「お茶でも飲んでく？」と訊くと

「ああ、いいねえ！　今朝は六時半起きで朝食を取ってないんですよ」

「じゃあパンも食べてく？」

「いいのかね？　喜んでいただくよ！」

……というわけで、私たちの朝食に二人のリムリック人はしっかり合流。トーストを二〜三枚、お茶のおかわり、三〇分ほどおしゃべりまでして、次の配達先へと出かけていきました。ついでに息子のショーンが差し出した壊れたショベルカーのおもちゃも直してくれました。

家具の配達屋さんと朝ごはんを共にするなんてちょっとびっくりですが、こんなカジュアルな雰囲気がアイルランドにはあります。

やっぱりアイルランド人はこうでなきゃあね……！

クラダリングの似合う男《ひと》

アイルランドでクラダリングをさり気なく身につける。こんな難しいことって、ありません。

クラダリング（Claddagh Ring）とはアイルランドの伝統的な工芸品の一つです。王冠の載ったハートを両手で囲んだ愛らしいデザインで、世界中にファンを持つ指輪です。

歴史は古く、由来にはいくつかの説があるようですが、アイルランド西部のゴールウェイが発祥で、専門店がいくつもあります。クラダ（Claddagh）は古い漁村の名で、今ではゴールウェイ市に統合されています。

中年の女性観光客が「昨日ギフトショップで買いました」というようなコテコテのアランセーターを着て歩いていたりすると、私はなぜかちょっと恥ずかしくなってしまうのですが、クラダリングも、同じような危うさをはらんだアイルランドのお土産品の一つです。なかなか着こなせないというのでしょうか、さまにならないのです。

しかし。

クラダリングをごくさり気なく身につけられる人たちが、アイルランドにはちゃんといます。

私の義母もその一人です。亡き義父からもらったクラダリングを肌身離さずしています。何を主張するでもなく、ただ彼女の指にはまっている、クラダリング。言われなければ気づかないほど、当たり前にそこにある。そんなクラダリングです。

さて、こうしたアイルランド人のクラダリングは、シルバーではいけません。クラダリングと言えば、当然ゴールドでしょう。アイルランドのジュエリーは基本的にゴールドで、ネックレスもピアスも指輪も、ゴールドが圧倒的に多いものです。アイルランド人の肌色にも、シルバーよりゴールドが合うように思います。クラダリングにはいろいろなデザインがあり、ハートの部分に天然石の入った華やかなものも見かけますが、アイルランド人がしているクラダリングは、いたってシンプルなものが多いです。

飾り気のないクラダリングをさり気なくしているアイルランドの人々は、概して上の世代の人。あまりに普通の人々がしているので、「おしゃれ」という印象は正直まったく受けません。むしろ、クラダリングをしているのはオールドファッションなアイルランド人が多いようです。

クラダリングが一番似合うと私が思っている人たち。それは、アイルランドの男性たちです。先日も、一人見つけてしまいました、クラダリングの似合う男《ひと》。歳は五〇代中盤。ゴールウェイ出身。アイルランド語が堪能で、熱心なカトリック教徒。アイルランドの伝統音楽をバンジョーで演奏します。そんな彼の指に、ゴールドのハートがやたら大きい平べったい作りのクラダリングを発見……

か、かっこいいわね～。

私は、ちょっと古風で最も典型的なアイルランドの男性がしているクラダリングが一番好きです。彼らのほかに、クラダリングのこんなに似合う人たちはいません。

馬好きのリラ

歩いて三分ほどの牧草地にときどき馬が放たれています。アンさんの馬です。そんな時、七歳のリラは「ちょっと行ってくる～」と言っては馬を見に行き、しばらく戻ってきません。絵を描かせてもほとんどが馬の絵。それも、持っている本を見ながらしっかり観察しているのでディテールも見事です。

そんなリラが最近足しげく通っていく場所があります。私も親しくしている近所の農家で、ここには馬とポニーが数頭飼われているのです。このお宅に行くには牧草地を突っ切っていくだけなので車の心配がなく、今年から一人で行かせるようになりました。六月に入ってからはお天気も良く、ほぼ毎日のように通っていた週もあったほどです。

リラと遊んでくれているのは、この家の女の子イーヴィー。リラより三つ年上ですが、四人きょうだいの末っ子のせいか面倒をよく見てくれます。

最初はイーヴィーの家の敷地内で小さなポニーに乗せてもらい、彼女が手綱を引いてくれていたようですが、回を重ねるごとに「今日は一人で乗ったの」、「今日はちょっと走ってみた」という具合にリラも慣れてきて、帰宅するたびに報告してくれるのでした。

そんなある日。いつものようにリラはイーヴィーのところへ遊びに出かけ、私は家で留守番、夫はショーンを連れて外出先から車で帰ってきた時のこと。夫が「ねえねえ、今道路で誰に会ったと思う？　リラとイーヴィー！　二人それぞれポニーに乗ってたよ」。すでに道路にまで二人で出ていたとは！

このあたりはご近所同士の顔が知れているし、「あら、どこどこのお嬢ちゃんたちがポニーに乗ってお散歩？」と見守ってくれる雰囲気があり、安心です。

ヘルメットはしていますが、鞍はなし。まだまだぎこちないリラの乗馬ですが、自分の好きなものをこの歳で知っているというのは、子どもにとって財産です。

翌日、散歩のついでに我が家にもポニーに乗って遊びに来た二人。ちょうど草が伸び放題の私のフラワーガーデンの周りを、ポニーがむしゃむしゃ食べてくれました。

毎日ポニーが草を食べてくれたら、芝刈り機がいらなくなるだろうなあ。馬糞はいい肥料にもなるし……リラとはまた違う夢が広がります。

芝生にさようなら

私たちの家が建っている土地は、購入時はただの牧草地でした。全部で三エーカー（約一・二ヘクタール）ある土地のほぼ真ん中に、家があります。家の周りには砂利が敷いてあり、さらにその周りには畑があったり木が植えてあったりします。家の前は比較的平らなので、子どもが遊ぶかもしれないと芝生にし、家の裏手も見ばえがいいだろうと芝生でした。

芝生は、芝刈り機で頻繁に刈りこまなければなりません。とにかく広いので、刈るのに時間がかかります。

芝生は確かに小ざっぱりしてきれいです。

が、去年ぐらいから夫と私の趣向が変わってきました。

「刈らずに自然のままにしておこう」さらには「夏に草丈が高くなったら、一度刈ろう」

そして、ある六月の暑い日、丈の伸びた草を夫が刈ることになりました。


機械は使いません。夫が使っているのは、大鎌。

英語ではscytheと呼ばれるハンドツールで、アイルランドでは昔から干し草や穀物を刈るのに使われてきた道具です。今では大型のトラクターに取って代わられ、大鎌を使う人はめっきり少なくなりました。夫が使っているのを見て、「私の父も昔は大鎌使いが得意だったのよ~」と懐かしそうに言う人がいます。

一見簡単そうですが、使いこなせるようになるまでには時間がかかるとか。長年使っている夫は大鎌の動きと体のタイミングがぴったり、腰や腕を痛めることなくリズミックに草を刈っていきます。「芝刈り機より僕のほうが速いかも」

大鎌で刈る前の裏庭は、草ぼうぼう、と言われればそれまでですが、よく見ると実にさまざまな植物が入り乱れ、きれいなものです。「芝（grass）」と一言で言っても、穂が立ってくると色や形の違う何種類もの芝があることに気づきます。

草地というのは面白くて、短く刈りこんでいると芝が旺盛に地面を這い、全体を占拠します。伸ばし放題にしておくと、芝に負けて出てこなかった野草が「待っていました！」とばかりに姿を現すのです。

おなじみのキンポウゲに加え、ナデシコ科の野草カッコウセンノウの花も。この花は日本では園芸用に販売されているそうで、「ヨーロッパの湿った牧草地などに自生」と紹介がありました。まさにその通り。

機械やトラクターで一気に刈り込んでしまうと、そこにどんな草が生えているかということには疎くなりますが、大鎌のようなハンドツールで草を刈っていた時代、農夫たちは植物の知識が豊富だったといいます。手を伸ばせば届く植物を観察し、その名や効用を知ることは、農夫たちにとってごく当たり前の習慣だったのです。

また、草丈が伸びてくるとそこをすみかとする昆虫やカエルが増えます。すると今度はそれを獲物とする野鳥が多くやってくるようになりました。

あんなに苦労して、電気代もかけ（我が家の草刈り機は電動なのです）、騒音を出して芝を刈っていたのは、一体何だったのでしょう？

こっちのほうが、ずっといいじゃないの！

農家で学んだ干し草作り

好天続きと刈った草の量があまりに豊富だったので、大満足の夫は、「よし、今度はこれでヘイコック（haycock 干し草の山）を作るぞ！」と言って家の裏に干し草の山をこしらえました。

友人が以前「僕ら地方のアイルランド人たちは、先祖が農家じゃない人なんていないんじゃないかな」と言っていましたが、夫も例にもれず、父方はケリー州北部の小さな村の農家です。子どもの頃は毎年夏休みにケリーの田舎で過ごし、牛や豚の世話をしたり牧草地に出て干し草を作ったりしたそうです。そんな経験から、ヘイコック作りも基本が分かっているのです。

まず刈った草を数日後にフォークを使って裏返し、完全に乾かします。乾いた草を集めて、山を作っていきます。山はとんでもなく大きいこともありますが、雨が降っても水が山の表面を流れ、干し草の中に浸みこまない形でないといけません。

干し草作りはアイルランドの夏の風物詩、冬には家畜たちのえさになります。でもこの干し草の山、農家でもないのにどうするのかしら。

近所に馬を数頭飼育している女性がいます。「キティーにあげようかな」電話で連絡すると、大喜びで取りに来てくれました。

「本当にいいの？　こんなにたくさん！　買ったら結構するのよ」

古いトラクターを何往復もさせて彼女の納屋まで運びます。干し草の山一つで大きな馬一か月分の食糧になるとか。

「ただでもらうなんて悪いから、その代わりにうちの馬糞をあげるっていうのはどう？」

いつの間にか、物々交換成立です。

馬糞のプレゼントはいつでも嬉しいですが、これから毎年干し草を作るのであれば、やっぱり自分たちのところで動物を飼いたいわね。キティーに相談すると「この土地の大きさならポニーが飼えるわよ」「ヤギもいいんじゃないの？」

馬より一回り小さいポニーなら、リラも乗れるかもしれない。

ヤギを飼ったら、乳しぼりもできるかも……面白くなってきました。

木製のフィドルケース

日本に住んでいた頃から、アイルランド音楽が好きでした。何をするにも、この音楽を楽しめることをひとつの軸に人生を考えていたら、想定外にもアイルランドに住むことになってしまい、自分でも驚きました。アイルランド音楽ではさまざまな楽器が使用されますが、私が楽しんでいるのはフィドル。ヴァイオリンと姿かたちは同じですが、民俗音楽などの世界では呼称が変わります。

私のフィドルは古いアンティークのもので決して大きな音は出ませんが、甘い音色のいい楽器です。アイルランドを旅行中に、エニスの町のミュージックショップ「カスティーズ」で購入しました。その当時は、まさかそれが今の夫の弟が経営する店であることはおろか、夫もスタッフとして働く店だとは、知る由もありませんでした。縁というのは時に私たちを先回りして待っているものなのかもしれません。

フィドルを買った時についてきたケースはとても重く、持ち運びに難儀していました。

そこへ、夫の弟の奥さんのお父さん（！）で、私の住むクレア州では音楽教師としてよく知られるフランク・カスティーさんから、「木製のケースでよかったら、使ってないのがあるからあげるよ」と、いただいたのが今使っているケースです。

昔は木製のケースがよく使われていたそうですが、今はパッドのしっかり入ったモダンなケースが主流。私はフィドルケースを抱えて世界を飛び回ることもないし、これで十分。古めかしい木製のケースは、長年使いこまれるうちについた無数の傷もよし、軽くて使いやすく、手放せない愛用品となりました。

ヴァイオリンを習ったこともなかった私には、アイルランド音楽を機に初めて触った楽器でした。最初は弦楽器というだけで抵抗があり、正しい選択だったどうかも分からずはじめてしまいましたが、今となっては、この楽器に出合えて本当によかったと思っています。

左手の指使い一つでいろいろなことができるフィドルは、奥の深い世界です。そしてフィドルの音色に命を吹きこむのは、弓。弓の使い方で奏でられる音楽の流れがどんどん変わるのが、フィドルの面白いところであり、難しいところです。

楽器をマスターする日は一生やってこないとしても、今この瞬間の音を楽しめればいいわね、というところに私なりの軸を置いて、この楽器とつきあうこと、早十数年です。

五月の私の誕生日に、新しい弓を買いました。

縁あって弓メーカーのディーラーさんと知り合い、我が家に彼を招いて、一〇本以上の弓を夫と二人で試奏し決めました。この弓が、本当に弾いていて気持ちいい！

手に取った瞬間「これがいい！」と直感し、ちょっとした買い物でしたが、思い切って購入しました。


春、夏と畑仕事が忙しくなり、フィドルを弾く時間が極端に減っても、新しい弓が与えてくれるインスピレーションはごちそうのようなもの。一度弾き出すとなかなか止まりません。

今夜は村のパブでいつものセッションがあるな。

一人ふらりと出かけてみるつもりです。

家族で受け継ぐ楽器

エニスのミュージックショップ、カスティーズには、多くの人々が訪れます。アイルランド国内に限らず、世界中のアイルランド音楽愛好家の間で広く知られるこのお店は、私の義弟がオーナー。我が夫も週に数日スタッフとして働く家族経営の小さなお店です。ふだんは地元の人々が中心ですが、観光客や楽器のディーラーさんの姿もあります。伝統音楽のミュージシャンや歌い手たちが自らのCDを持参したり、店のスタッフとおしゃべりをしに立ち寄ることも多いのです。

先日、地元の人らしき女性が大きなショッピングバッグを抱えて店にやって来ました。

「これ、この前電話で話した例の楽器なんだけど」

バッグから顔を出したのは、六角形の蛇腹楽器、コンサーティーナです。コンサーティーナはアイルランドの伝統音楽で使われる楽器の一つで、とりわけここクレア州は昔からコンサーティーナ音楽の故郷と言われています。しかし、この日女性が持ちこんだコンサーティーナは今日の一般的なものより一回りも二回りも大きいサイズのドイツ式。ジャーマンコンサーティーナと呼ばれる古い楽器でした。このタイプは一九世紀中頃から生産が盛んになり、アイルランドでも一九七〇〜八〇年代まで使われていました。工場生産であったため安上がりで入手しやすく、コンサーティーナ奏者の古い白黒写真などでよく見かけます。

楽器の持ち主の女性は音楽には疎いようで

「修理に出したほうがいいのか、そもそもどれくらいの価値がある楽器なのかしら」

「今のコンサーティーナは二列式でなく三列式が普通で、このスタイルの楽器はほとんど使われていないんですよ」との夫の説明に納得した女性。

アイルランドに暮らしていると、その家に代々受け継がれる楽器を目にする機会がしばしばあります。特別な家柄でなくとも、ごく普通の一般家庭に眠るフィドルやコンサーティーナの中には、二度と日の目を見ない楽器もあることでしょう。

特に時代遅れとなりつつあるこのジャーマンコンサーティーナは、現役で使われなくなってから久しく、もともと高価なものでないため修理費だけがかさみます。その結果、いつの間にか忘れられ、朽ち果ててしまうケースが多いようです。

価値はなくとも、ここに暮らす人々の家に昔から伝わる楽器というのは、アイルランド音楽と人々との深い歴史とつながりを感じさせてくれます。

「いろいろ教えてもらえてよかった。もう家族の中で弾く人はいないけど、私の祖母の世代からずっと家にある楽器だから、母も気にしてね。そういうことなら大事に保管しようと思います」

「楽器として使えなくても家族の歴史のあるものだから、捨てたりしないで」

女性はコンサーティーナをショッピングバッグに入れ直すと、柔らかな表情を浮かべて満足げに楽器を抱え、店を出ていきました。

自家製酵母のパンを焼く

パンを自分で焼けるようになったら素晴らしい。それも、酵母から自分で作れたら！　アイルランドに暮らしはじめてからというもの、パンという食べ物が私の食生活で大きな位置を占めるようになりました。

今、自家製酵母で焼くパン作りが楽しくて仕方ありません。

「酵母とはなんぞや？」と興味が湧いて、友人と情報交換をしたり調べものをしたりしているうちに、ドライイーストを使わずに食パンや菓子パンを作れることが分かってきました。

まだまだ初心者ですが、酵母ができる仕組みや発酵の理由が何となく分かってきたので、ひとつのレシピにこだわらず自己流で試行錯誤しながら学んでいます。


パンを膨らませるのはイースト。イースト（yeast）は英語で、日本語では酵母です。

市販のドライイーストを使うと発酵時間が短く、確実に膨らんで安定したパン作りができます。ドライイーストが悪いとは思いませんが、パンを焼いた時にときどき、ドライイーストならではの臭いが残ると感じることがあります。

酵母菌は自然界にさまざまな種類が存在し、あらゆる草花に付着しています。つまり、果物やハーブなどを使って自然の酵母を抽出し、自家製の酵母を作ることができるのです。酵母はブドウ糖を食べて活性化するので、甘みがない場合は砂糖やハチミツを加えます。私は最も簡単と言われる干しぶどうを使って酵母作りをしました。干しぶどうには糖分が十分にあるので、必要なのは水だけ。

五〜六日ほどで、気泡がたくさん出てきました。スカスカになった干しぶどうは役目を果たしたので、濾して処分。パン作りに使うのは残った液体で、これで酵母液が完成です。

酵母液は冷蔵庫で保管し、使用するたびに果汁一〇〇%のジュースなどを与えてえさとします。えさを与えれば与えるほど発酵力が上がるようで、これを継ぎながら何年も使うのです。

実際にパンを焼くには、前日にこの酵母液に少量の小麦粉を混ぜて発酵させ、パン種を作ります。

酵母が増殖し、排出する二酸化炭素でもってパンは膨らむのです。なるほど。

翌日、このパン種にさらなる小麦粉、水、塩、お好みで砂糖やオイルを加えます。こねることによって小麦粉の中のグルテンが活性化し、酵母が出すガスを生地の中に閉じこめる働きをします。

これをまずは一次発酵。室温によりますが、自家製酵母は発酵時間が長いので私はなるべくあたたかく保つために袋に入れて窓辺に置いています。六時間ほど放置して、生地が二〜三倍に膨らんだところで成形し、型に入れます。

せっかく膨らんだ生地を成形するとまた元の大きさに戻ってしまいますが、心配無用、酵母菌の数はこの時点で最初よりはるかに増えているため、二次発酵はずっと短くて済みます。
二〜三倍に膨らんだらオーブンへ。二〇〇度で三〇分焼きます。

焼き上がり！　この日は生地に畑で採取したケシの実を入れました。ほんのり甘く中はもちもち、そして表面は薄くてカリカリ。最高においしいパンの完成です。

ニワトコの花のシャンパン

自家製酵母パンで使う酵母液は、舐めてみるとときどきアルコールの味がします。あるサイトには「りんごジュースで酵母液を継げば、これがりんごサイダー（シードル）になる」ともあり、自宅でお酒を作ることは思っていたより簡単そうです。

ニワトコ（正確には西洋ニワトコ）という木をご存知ですか。英語でエルダー（Elder）と呼ばれます。

アイルランドではよく見かける木で、春になると人気が急上昇します。この時期に次々と咲く白い花を使って、数種類の飲み物を作ることができるからです。ニワトコの花で作るコーディアル（砂糖入り濃縮果汁）は、水で薄めていただきます。子どもたちの大好きな甘い飲み物です。

ニワトコの花でワインを作る人たちもいます。

日本では酒税法なるもので個人における酒造が禁止されているようですが、アイルランドを含め欧米諸国では自宅でワインやビール、サイダー作りを楽しむ人々がたくさんいます。私の周りにもさまざまなワインを作る人たちがいて、このエルダーフラワーワインもとてもおいしいのだそうです。

つい先日近所を散歩していたら、近くに住むある女性に会い、しばらく一緒に歩きながら話しました。「ニワトコの花を摘むのに探しながら歩いてるのよ」と言うので「何を作るの？」と訊いてみると「シャンパン！　去年初めて作ってとってもおいしかったの。今年は一〇リットル作る計画よ！」

エルダーフラワーで作るシャンパン。なんておいしそうな響きでしょう！　さっそくインターネットで調べてみるとレシピがたくさんヒットしてきました。

作り方は簡単で、花の数もそれほどいらずに済みそう。これなら近所を回って花を集めればできる！　子どもたちにも手伝ってもらって花を摘み、さっそくシャンパン作りに挑戦です。

大鍋のふたを開けるたび、砂糖水に浮かぶニワトコの小花とレモンの香りが立ち上がります。

三〜四日ほど経つと、小さな気泡が出てきました！　すごいすごい。何が起こっているかというと、ニワトコの花についた自然酵母が砂糖と反応して発酵し、二酸化炭素を出しているのです。

う〜ん、面白い。これがぷくぷくと上ってくる気泡の正体で、発酵が進んでアルコールが発生、発泡酒となるわけです。

先週末に友人たちが遊びに来た際、ディナーの前に初めて試飲をしてみました。シュワシュワと気泡がグラスを満たし、ニワトコの花のリフレッシングな香りに包まれた、それはそれはおいしい初夏の飲み物。まさに至福のひとときでした。

いざ、海藻狩りへ

今夜は満月だから、明日の朝には潮が引く。「お天気もいいみたいだからエリカも行かない？」と誘われ、海藻狩りに行ってきました。

イースター休暇のことです。隣町タラで友人の車と合流し、いざ西クレアへ向けて出発。車で行くこと一時間弱、真夏のような青空の下、とある海岸に到着しました。

長靴にハサミ、何枚もの袋を持って久し振りに磯を歩きます。

海藻狩りの達人である友人に採り方や種類を説明してもらい、海藻狩りがスタート。この場所は海藻で地面が覆いつくされた絶好のスポットで、昆布（Kombuと日本語で発音されたりKelpと呼ばれたりします）とSea Spaghetti（その名も海のスパゲティ、形もそのままです）が旬だとかで、ものの数分で大量に採れました。こんなに新鮮な昆布がアイルランドで採れるなんて感激です。「日本のご両親に送ってあげたら？」と冗談で友人と話していたほど。

ほかにもSea Lettuce（海のレタス）やCarrageen Moss（別名Irish Moss）と呼ばれる海藻など数種類を収穫。大きな袋に入った昆布は、夫がサンタのように肩に担いで車のトランクに運び入れました。

子どもたちも、ふだんはなかなか行かない磯が絶好の遊び場になり、イソギンチャクに触ったり貝を拾ったり小魚を発見したり。

帰宅後、収穫した海藻をさっそく天日干しにしました。昆布は長いので納屋の裏にある洗濯物干しいっぱいにブラ〜ン、ブラ〜ン。知らない人が見たらぎょっとするような不気味な光景でしたが、おかげで何年分かのだし用昆布が一日で収穫できたのですから、文句なしです。

海藻は味噌汁に入れたりサラダにしたりして使っていますが、子どもたちはスナックのようにかじっています。塩気があり、かみごたえもあるのでおいしいらしく、特にSea Spaghettiがお気に入り。

誘ってくれた友人によるとワカメのスポットもあるらしい。

次回はぜひそこに連れて行ってもらおう!

ルバーブタルトは母の味

日本ではあまり知られていない野菜にルバーブ(Rhubarb)というものがあります。

野菜と言っても、ルバーブは主に砂糖と一緒に調理してジャムにしたり、焼き菓子に使われることが多く、果物と勘違いする人も多いようです。ヨーロッパでは広く栽培されており、ここアイルランドでも個人の庭や畑でよく見かける定番の植物です。

我が家の畑にもルバーブがあります。エニスの義母から株を譲り受けたもので、今年になってずいぶん生長し、食用として使えるまでの大きさになりました。

アイルランドでルバーブと言えば、何と言ってもルバーブタルトが定番です。ルバーブという野菜をまったく知らなかった私ですが、その独特の酸味と香りが砂糖の甘みととても相性が良く、すぐにとりこととなりました。畑直送のルバーブを使って、私はよくタルトを作ります。▼レシピ i〜ii

まずは畑へ、ゴー。

調理用には茎を使います。赤と緑のコントラストがとても美しい茎です。ルバーブの葉は五〇センチ以上になることもあります。葉にはシュウ酸が多く含まれ、毒性があるので食用にはしません。葉っぱはそのまま切って、コンポストへさようなら。無駄のない暮らしです。

切りはじめたとたん、ルバーブのいい香りが立ちこめます。

このルバーブタルト、アイルランド人にとってはアップルタルトと並んで「母の味」として語られることが多く、人気が衰えることはありません。夫がアメリカツアーから帰国した時にも、焼きたてのルバーブタルトを出したらたいそう喜ばれました。

ルバーブは日本でも栽培できます。家庭菜園で、または鉢植えで育てている人もいるそうです。調理用はもちろん、観賞用としても十分に魅力的な植物です。

自給自足のジャガイモ

揚げ床にした畑で初めてジャガイモを収穫しました。

思った以上の豊作で、ジャガイモ担当の夫は大喜び。「去年の三倍はあるんじゃない？」ということで、「収納しておくバッグが足りないよ」とホクホク顔です。

花が咲き終わったあと何となく勢いがなくなり、葉が黄ばんでくるぐらいの時に掘り上げます。茎の根元を持ってよいしょと引っ張り上げると、ジャガイモのくっついた根っこが顔を出します。

今年の夏は雨量も少なく、畑を持つ者にはその違いが土で分かります。土の中のジャガイモがこんなに乾いてる！ 収穫もずっと楽ちんです。ショベルでさらに掘り起こすと、ゴロゴロと大きなジャガイモが次々姿を現します。

まるで宝物を掘り当てたよう。

育てるジャガイモの品種は、夫がいつも決めています。今年はブリティッシュクイーン（British Queen）とシャープスエクスプレス（Sharpes Express）の二種。いずれも白っぽいジャガイモで、アイルランド人が好む食感のタイプです。

毎年、玉ねぎ、にんにく、ジャガイモは一年中お店で買わなくてもいい量を育てています。自給自足のレベルには到達しませんが、自分たちが食べる野菜はできるだけ自分たちの手で育てたいものです。

我が家の食卓では、ジャガイモの収穫以後、主食はもっぱらジャガイモ。

鍋で皮ごとふかして、バターをつけてシンプルにいただく新じゃがは、何よりのごちそうです。

冬も終わりに近づく頃、大量のジャガイモを使い切るために私がよく作るおいしいスープがあります。ジャガイモと西洋ねぎのスープ（Potato & Leek Soup）です。

西洋ねぎ（Leek リークと読みます）というのは、日本の長ねぎよりも太くて重いねぎです。甘みがあっておいしく育てやすい野菜なので、我が家の畑でもおなじみの顔です。ジャガイモと西洋ねぎのスープは、アイルランドの家庭料理の本に必ずと言っていいほど登場します。

家庭料理の定番かと思いきや、私の周りのアイルランド人たちに尋ねると誰もが「そんなものが食卓にあがったことは一度もない」と言うのですから不思議です。

家庭料理というのはその名の通り家庭で出される料理ですが、地域によって異なります。家庭によっても違うわけですから、くくりの難しい分野なのかもしれません。夫曰く「西洋ねぎ自体、一般的なアイルランド人にとってはなじみのない野菜」ということだそう。それはさておきこのスープ、シンプルでとってもおいしいのです。

ジャガイモと西洋ねぎは相性が良く、肉や魚などが入らなくても十分にコクのあるスープに仕上がります。

納屋に眠る何十キロものジャガイモは、そろそろ芽を出す頃です。せっかく収穫したジャガイモをおいしく食べ切るため、この季節になると頻繁に食卓に登場するスープなのです。

（さあ、ジャガイモならどっさりあるわよ～！）▼レシピ iv

アイルランドの料理はどれも驚くほどシンプルです。それゆえに好みで応用がきくのが嬉しいところ。おいしく作るコツは、一度にたくさんの量を作ることでしょうか。

我が家は四人家族ですが、一〇～一二人分ほどの量を一気に作ってしまいます。夕飯時にいただき、翌日のランチにもパンと一緒に、そして夫の夜食に……とやっているうちに、あっという間になくなってしまいます。

野菜の切り方でも料理の楽しみ方が変わってくるように思います。ジャガイモ、西洋ねぎ、玉ねぎは大きさにばらつきを持たせてカットすると、アイルランドらしい素朴な感じが一層楽しめます。

畑というのは、私たち人間の手によって作られる、いわば人工的な空間です。私たちが育てたいもの、食べたいもの、鑑賞したいものを植えて、丹精こめて世話します。今年の夏も、我が家では自分たちの畑での労働を代価に、新鮮な野菜を日々食しています。

これとは別に、ちょっと嬉しい収穫がありました。

英語ではセップ（Cep）、別名ポルチーニ。イタリアン料理で使われる、あのポルチーニです。セップは、アイルランドでは夏の終わりから初秋にかけて出てくる野生のマッシュルームです。

畑では栽培せず、山菜などと並んでワイルドフードと呼ばれる食物です。このきのこは、毎年私たちの土地の決まった場所に、ひょこっと顔を出します。

きのこ狩りになじみのない友人からは「野生のきのこを食べるなんて危ないんじゃない？」とよく言われます。きのこは確かに何百もの種類があり、有毒のきのこも多いものです。

私たちも詳しいわけではありませんが、このセップに限っては一目瞭然であることと、何より毎年現れるスポットが決まっているので間違いがなく、安心して食べています。

セップは、私たちの土地では樺の木の下に生えてきます。トネリコやオークの木の下にはありません。いつも、いつでも樺の木の下。

ある朝セップを一つ見つけると、我が家の土地にある樺の木の周辺をすべて見回ってみた私。すると……あるあるある！

あっという間にいくつものセップを収穫できました。

自然の風味を新鮮なうちに味わうため、バターやオリーブオイルで火を通し、レモンジュースを少ししぼって、シンプルにいただきました。村では伝統音楽のフェスティバルの真っ最中。我が家に泊まっていた友人たちみんなで、「おいしいおいしい」と言って食べました。

馬と生きる人々

近所に住むハリーから連絡があり、「月曜日にオート麦を刈るから、時間があったら見にきたら」

最初は「見学？ それとも手伝い？」とメッセージの意味が呑みこめなかった私ですが、どうやら、「きっと楽しいから」ということらしいのです。それもそのはず。彼らのオート麦刈りはトラクターではなく二頭の馬を使って行われるのです。これは見に行かねば！

娘のリラは一足先にハリーの家に遊びに行っています。もちろん、ポニーに乗るためです。

jig-01

見飽きるほどの虹

アイルランド 小さな村の暮らし

望月えりか・著

小さな国の小さな村の姿、変容しつつも人から人へと受け継がれる懐の深い音楽——ヨーロッパ最西端の島国にしてEU加盟国に暮らし、コミュニティの姿を、移住者との視点と、家族の親愛のまなざしで綴る。（2019年3月）

2004年にアイルランド移住、結婚。2児の母。生活者の視点からブログの発信、現地体験コーディネート、音楽イベント企画運営も。フィドルを演奏し、ニットを自ら紡ぎ編む。自宅で野菜や果実を育てワイルドフードも採る。ジャガイモ、玉ねぎ、リンゴ、ルバーブ、ベリー類はほぼ自給自足。

1800円+税　四六変型判／272頁／4C+1C
ISBN 978-4-909895-01-1

jig-02

『まやたろの体当たりチャリンコ日記』（仮）

青木麻耶・著

銀座のＯＬが中山間地で農・狩猟生活に突入。自然とともに生きる持続可能な暮らしを求め、南米北米11000キロを七転八倒自転車縦断。パーマカルチャーの村、七色の湖に七色の山、色とりどりの先住民文化と手仕事に魅せられ帰国。日本各地をさらに旅し、竹を編み、鹿・猪・アナグマも料理する衣食住の達人として、あらたな暮らしへ。次なる旅は…？

体あたりすぎる女子まやたろの出会う人も風景もあまりにディープ！

（2019年初夏、刊行予定）

出版舎ジグ
出版舎ジグの本は全国の書店でお求め頂けます。
rentoto1229@gmail.com / Fax 03-6740-1991

『見飽きるほどの虹』の舞台，
アイルランド国クレア州フィークル村は，
ここにあります．

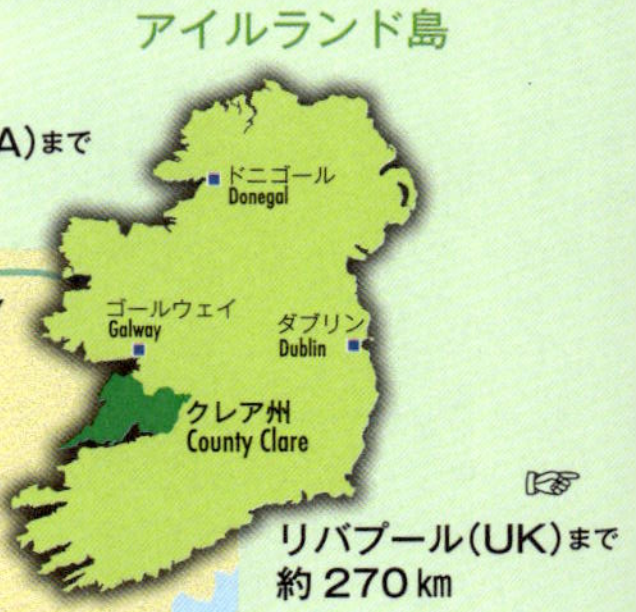

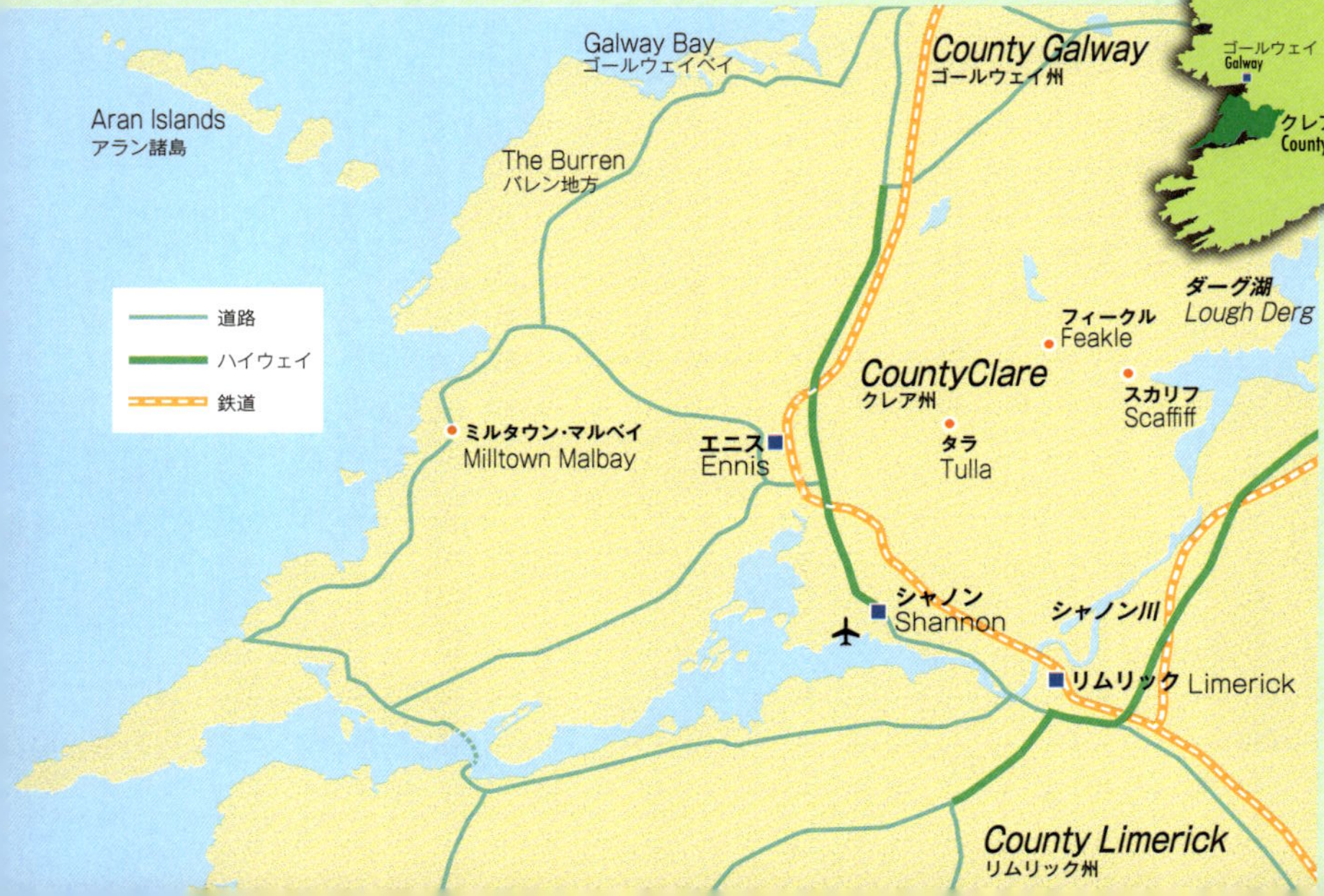

私は息子のショーンを連れて遊びに行ってきました。黄金色に輝くオート麦。日本語ではエンバクとも呼ばれます。食用になるほか、馬の飼料としても重宝します。また、緑肥としての利用もよく知られています。

着いてみると、オート麦を刈り取る古い機械を調整しているところでした。ずいぶん時間がかかって、ようやっと機械が動きました。二頭の馬と共にオート麦畑を目指します。

機械を馬に取り付ける作業は、今日集まった人々の手で行われます。エキスパートも素人も、一緒になって「よいしょ、よいしょ」と重い機械を持ち上げて車輪を取り付けています。

さあ、準備完了。

ハリーが乗りこんで、馬たちに声をかけていきます。アクセルもなければブレーキもない馬。息のあった馬との信頼関係がすべてです。馬が前進し、機械がオート麦を刈りはじめました。

この機械は優れもので、刈られた穀物はベルトコンベアに一度乗り、ひもで素早く束ねられてから地面に吐き出されます。

作業はどんどん進んでいきます。誰からともなくオート麦の束をまとめはじめました。ショーンと私も、見よう見まねで手伝います。

作業終了！　何とも絵になる風景です。


馬と働くハリー。馬と農作業をこなす、馬と生きることは、昔のアイルランドでは当たり前のことでした。それが近年トラクターに取って代わられ、今ではアイルランドのどの農村でも排気ガスを出しながら大音量で動くトラクターがおなじみとなってしまいました。

この日、ハリーを手伝っていた男性が二人いました。慣れた手つきで機械や馬を操るその一人と話す機会がありました。聞けば「メイヨー（州）から手伝いに来てるんだよ」とのこと。二人は兄弟で、彼ら自身も馬を使った農業をしているのだそう。

「先週はハリーが手伝いに来てくれたからね、交代制なんだ」と言って笑っていました。

「今の時代、馬を使った農業はずいぶんまれなんじゃない？」

「そうだね、アイルランド全国でもう一五人もいないんだ」

ハリーやメイヨーの二人の馬を使った農業は、アイルランド農耕馬協会 Irish Working Horse Association によって小規模ながらサポートされています。

ハリーと彼の馬たちの働きぶりを、こんな間近で見られる私は本当に幸運です。

馬車で走る!

ハリーとは親子ほどの年齢差がありますが、気の合う親しい友人です。一緒にフィドルを弾いたり農場を見せてもらったり、何かとよくしてもらっています。

ある朝ハリーからまた電話がありました。「今から馬に蹄鉄を打つけど」あら、面白そう。

我が子どもたちと近所の子たちも連れて、歩いてさっそくハリーの農場へ。「蹄鉄は、本当は自分でも打てるんだけどね。プロに頼んだほうが早く済むから」とハリー。隣町から職人さんを呼んで仕事をしてもらっていました。高い技術を求められる仕事です。

日本では「装蹄師《そうていし》」と呼ばれるそうです。ハリーのところに来ていた彼は、いかにも職人さんという感じ。赤毛にそばかす、まさにアイルランド人の風貌。この地域で一番の腕利きということで、慣れた手つきで四頭の馬に次々と蹄鉄を打っていきます。

素早く馬の爪を切り、やすりで形を整えます。膝には皮でできたエプロン、道具の入ったボックスは木製で、年季が入っています。

腰を曲げて、難しい体勢で馬の足を持ち上げ、かがんだ状態で蹄鉄に釘を打っていきます。

「数か月前に、蹄鉄を打ってたら馬に蹴られてね。それ以来肩が痛いんだ」

「この馬ね、左の後ろ足を上げたがらないから、どこか痛めているんじゃないかな」

「こっちの牡馬だけど、年齢にしては痩せすぎだね。ちゃんと食べてるの?」

小一時間の見学のあいだに、彼の仕事と馬への情熱にすっかり感化されてしまいました。


装蹄師の彼の車の中は蹄鉄でいっぱいです。ヨーロッパでは大昔から使われている蹄鉄。そういえば我が家にもいくつかあります。確か、畑を耕していたら土の中から出てきたのです。馬と共に生きていたアイルランド人たちの生活が目に浮かぶようです。

アイルランドでは蹄鉄を家のドアなどに打ちつけて飾る、昔からの風習があります。幸運を呼び、貯めることができるとされているのです。

そもそもなぜハリーが馬たちに新しい蹄鉄を履かせたかというと、隣町のスカリフで毎年夏に行われれる収穫祭で、お客さんを馬車に乗せ一日中働くからなのです。

数日後、「試しに馬車を引かせたいから、一緒に乗る?」とまたまた嬉しいお誘い、わーい。

ハリーと私が前、後部座席には子どもが四人。大型の農耕馬であるハリーの馬二頭は、私たちの体重なんて何のその、さっそうと走りはじめました。

車道をパカパカと行きます。車よりは遅いので、後ろから車が来ると減速して追い越してもらいます。対向車も、すれ違う際には慎重に。四〇~五〇年前までは、車より馬車のほうが多かったアイルランドです。

馬車に揺られながら風を切って走る! なんて気持ちがいいんでしょう!

帰り道には手綱を持たせてもらい、ハリーにいろいろ教えてもらいながら走りました。

「もうちょっと左に寄って」

「スピードあげて」

楽しい!

三〇分ほどの試し走行を終えた馬たちは、じっとりと汗をかいていました。体からは蒸気が立ち上り、牧草地に放すと地面をゴロゴロ転がって体を冷やします。

お疲れさま。

IV
The Wind that Shakes the Barley

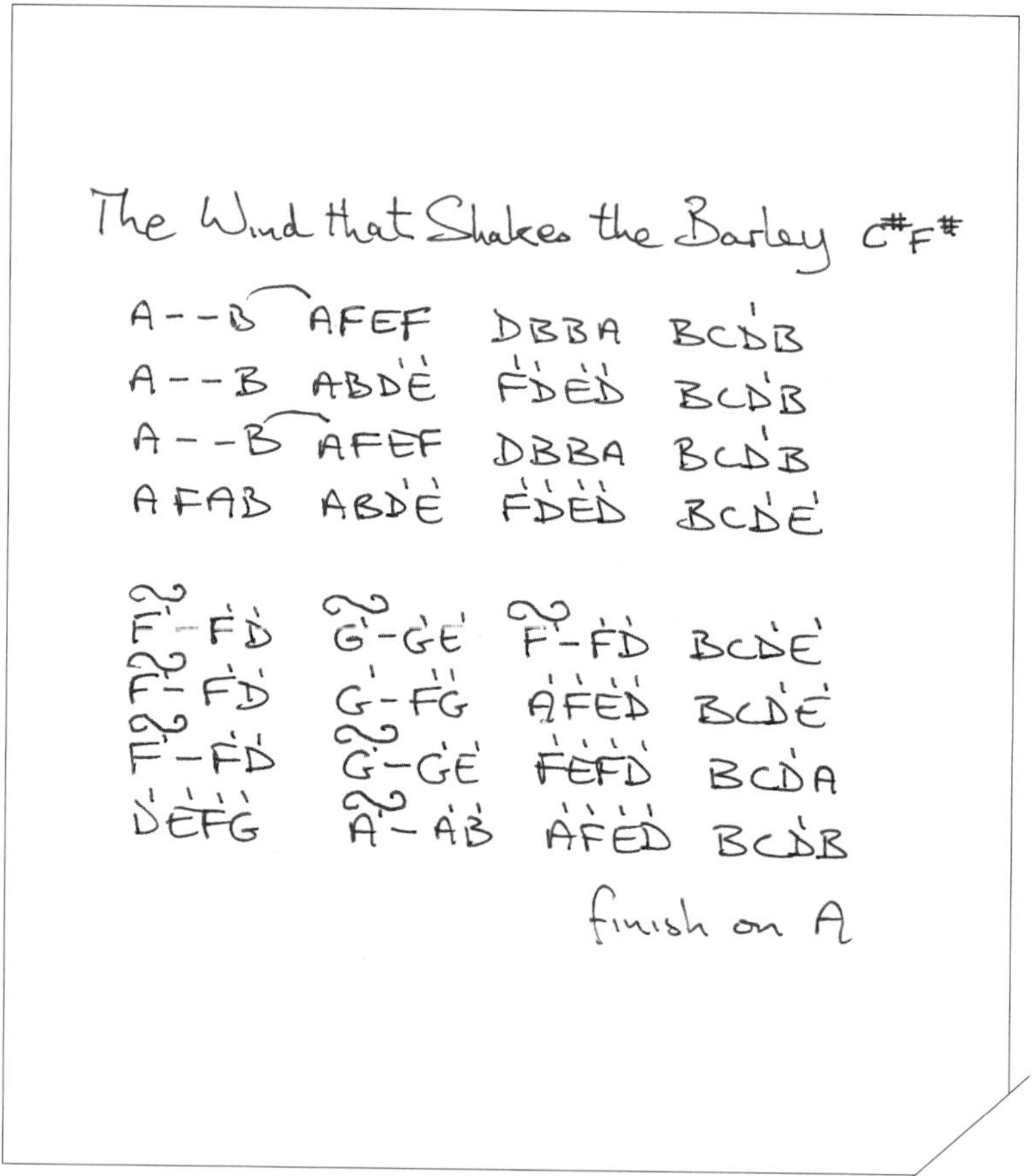

麦穂を揺らす風(D)　2部構成リール．古代から世界中で食されている大麦は，小麦，オート麦と並んでアイルランドにおける三大穀物．収穫を待つ黄金色の麦の穂が，さわさわと風に揺れている．何とも詩的なタイトル．

夜遊びセッション

私はときどき一人で夜遊びに行きます。

夜といったら本当に夜なのです。夜の一〇時ちょっと前に家を出ます。行き先は村にあるパブ。アイルランド音楽のセッションに参加させてもらうのです。

このセッションは年中無休で毎週木曜にやっており、ここから少し離れた村に住むシェイマスというボタンアコーディオン奏者がホストとなって進行します。シェイマスは農夫ですが、アルバムも出しているほどの腕で、このセッションを二〇年以上ホストするベテランです。

このパブのセッションは、私にとって顔なじみのミュージシャンたちが多く、地元のパブでもあるので一人でも入りやすいのです。

観光客の姿はほとんどありません。地元の人々を相手に商売をしているので、ローカルな雰囲気が充満しています。

お客さんの年齢層は高く、アイルランドの田舎のパブは概して男性中心です。でも、ここに来れば誰かがいる。顔なじみの仲間に会える。アイルランドの田舎の人々にとって、パブは大切な社交の場なのです。

ここに混ぜてもらい、シェイマスの定番の曲を一緒に弾きます。友人とお酒をおごり合い、おしゃべりをしながら伝統的な音楽と歌を楽しみます。

時には村の人たちが八人ひと組となってお決まりのダンスを踊ることもあります。誰に見せるでもない、自分たちが楽しむための音楽。

一〇代の若者から九〇近いお年寄りまで、夜の一時近くまでこのパブで過ごします。

シェイマスのセッションは、いつもアイルランド国歌で締めくくられます。日本人の私もイタリア人、イングランド人の友人も、みんな一緒に演奏します。

バーにたむろしていた村人や長椅子に腰かけていたお年寄りたちも立ち上がり、国歌をみんなで歌います。このパブでは当たり前の習慣ですが、とてもアイルランド的な風景です。

ブラックベリージャムの作り方

我が家の秋のイベント、ブラックベリージャム作りは一〇月に入ってもまだ続いています。

九月にせっせと摘んだブラックベリーはすべて冷凍してあるので、時間を見つけてはこれを取り出し、数回に分けて作っています。今年の目標は三〇瓶！というわけでずばり、作り方をご紹介します。▼レシピi

ブラックベリーの種のつぶつぶが食べにくいという人がときどきいるようです。ジャムをなめらかにするために濾すそうですが、私はこの種の食感こそがブラックベリージャムのおいしさの一つだと思うので何もしません。

大切なのは、ジャムを流しこむための瓶とそのふたをしっかり煮沸消毒しておくことです。これをしないと、しばらくしてジャムにカビが生えたり味が落ちる原因にもなるので大事なプロセスの一つです。

また、十分な砂糖が入っていなかったり、しっかり煮詰めきれていないとジャムが冷めても固まりません。鍋の中のジャムの表面に出るあぶくがマグマのようなつやを帯び、かつ停滞時間が長くなったら十分に煮詰まった証拠です。

ブラックベリーのジャム作りは、この二つが押さえどころと言えるでしょうか。それ以外は実にシンプル、たねもしかけもありません。

基本的には自宅用ですが、友人の家に遊びに行く際など手土産にすると喜ばれるので、あっという間になくなりそうです。

収穫が多かったせいで、目標の三〇瓶はあっという間に達成、一年間の貯えとします。冷蔵庫の中にはまだまだブラックベリーが眠っています。

ブラックベリーワイン

今年のブラックベリーは大豊作。

八月下旬から摘みはじめ、一〇月に入った今でも最後の追い上げとばかりに、ちょくちょく摘みに行っています。

ブラックベリー摘みが病みつきになってしまった私は、いそいそとボウルを持って出かけていきます。一時間集中して摘み続けると、一キロほど摘むことができます。

最初は子どもたちを連れて、家の周りを散歩がてらに摘んでいましたが、子どもたちはボウルに入れるよりも自分たちの口にどんどん入れていくので、

「ちょっと待って、ママが先！」（真剣）

「ああ～、それは僕が採ろうと（食べようと）思ってたのに～」

「だめっ、これはママの！」

とまったく大人気ない競い合い。今年も十分すぎるほどのブラックベリージャムを作りましたが、それでもベリー摘みに忙しい私に夫はだんだん呆れ顔。

「エリカ、もう冷凍庫がいっぱいだよ！」

ジャム以外にブラックベリーをたくさん消費できるレシピはないかしらと調べると……ありました。ブラックベリーワインです。ワイン作りは上級者向け、私にはまだ手が出ないと思っていましたが、これを機に挑戦してみることにしました。

ジャムのレシピもそうですが、できるだけシンプルに作りたいと思っています。ほとんどのワインのレシピには、不要なバクテリアを殺すための錠剤、発酵させるためのイースト（酵母）、ワインの色を透明にさせるための粉末などを入れるように書いてあります。

これらを入れればきっと確実に雑菌の発生をおさえることができ、確実に発酵させ、きれいなワインを失敗なく作ることができるのでしょう。でも、一昔前まではこういった人工物はなく、みんな自然から得られるものでワインを作っていたはず。実際にこれらの人工物を使わないレシピも発見したので、それだったら失敗してもいいから入れないで作ってみようと思いました。その代わり、鍋や瓶などは念入りに煮沸消毒します。

自然酵母でのパン作りやエルダーフラワーシャンパンを作った時に、イースト（酵母）の働きが理解できました。本来なら「ワインイースト」なるものを投入して発酵を促進させるのですが、ブラックベリーには酵母菌が付着しているはずだし、ここにブドウ糖（ここでは砂糖）が加われば、これをえさに酵母が増えはじめ、発酵するはず。

大鍋に入ったブラックベリーを手でつぶす作業は、面白そうなので子どもたちにやってもらいました。水と砂糖を加えたらふたをして室内に置き、一日一度、木べらでかき混ぜます。

三日目ぐらいから、かき混ぜるとシュワシュワと泡が出てくるのが分かります。発酵がはじまりました。顔を近づけると、すでにアルコール臭がします。ものすごい泡。ぶどうの代わりにブラックベリーを使っているわけですが、香り自体はぶどうのワインにとても近いです。

ワインはぶどうだけでなく、ブラックベリーをはじめいろいろな果実や花、ハーブ、野菜などからもできます。ジャガイモワイン、タンポポワイン、バナナワイン、パセリワイン……とても奥の深い世界なのです。

ワインを空気に触れさせないエアーロックは優れものの道具で、中に水を少量入れて使います。水のおかげで空気がワインに触れることはなく、発酵の際に出る炭酸ガスは、「ぽこっ」という音と共にエアーロック内の水を通り抜けて出ていきます。

発酵が鈍ってきたら、底の沈殿物を除去するため、上部の透明な液体のみを別の瓶に移し変えます。これをrackingと言い、ワインやサイダー作りには欠かせない作業です。減った分だけの砂糖水を加えて再発酵させ、これを数か月にわたり繰り返します。

rackingをするたびにワインの透明度が増し、味もその都度よくなっていくのだそうです。

一回目の発酵が終わった時点でも飲めるそうですが、図書館から借りてきた本によると、少なくとも九か月〜一年間は寝かせるようにとあります。長いプロセスを経て完成する自家製ワイン。毎日泡を出し続ける瓶から目が離せません。

たわわ、クラブアップル

私たちの土地の生け垣に、とても古いクラブアップルの木があります。樹木の感じから、樹齢二〇〜三〇年という単位ではなさそうです。誰かが植えたのか、はたまた自生する野生種か。名も分からず残念ですが、毎年春になるとピンク色の花を見事に咲かせます。花が咲けば当然実もなります。

「今年の秋こそはクラブアップルを摘もう！」

青空のきれいな日に夫と二人、はしごを持ってクラブアップル狩りへ。

収穫はもう少し早いほうがよかったかなと思いつつ、行ってみるとまだまだ枝にたわわに実るクラブアップルが出迎えてくれました。

「クラブアップル（crab apple）」を辞書で引くと「野生リンゴ」と出てきました。私たちが食べているりんごのもとになった木で、園芸用の木よりも背が高く実は小ぶり。生で食べると非常に酸っぱいのが特徴です。

その酸っぱさといったら、思わず顔が歪んでしまうほど。それでも、子どもたちはよくこのクラブアップルの木まで歩いていっては生でかじっていたようですが。

あまりに背の高い木なので、はしごをかける枝を探すのにも一苦労。やっとはしごをかけても、とても不安定で私が登りはじめたとたん、後ろ向きに倒れそうに……「あぁぁぁ～」ってこれじゃあコメディー映画。夫に笑われ、彼に任せることに。

クラブアップルは直径三～四センチほど。熟していたので、夫が一つ摘むと同じ枝から実が次々と落ちてしまったり、見上げたところに実が落ちてきておでこに直撃したりと、思った以上に苦戦したクラブアップル狩り。

「来年摘む時は、古いブランケットを使おう。それを地面に敷いて木をゆする！」

という夫の作戦が、どうやら最も効率的と言えそうです。

収量にして一キロ分。オーブンでローストしたり、ジェリーを作るとおいしいということですが、私はまず手はじめにウォッカに漬けることに（またお酒！）。シナモン、ヴァニラ・スティック、クローヴ（丁字）などのスパイスと一緒に漬けこんだ果実酒は、クリスマス前に完成の予定です。

自然の風味をしっかり閉じこめた贅沢なお酒で冬を越す。

う〜ん、楽しみです。

裏庭のヘーゼルナッツ

自分たちで建てた家に越したのとほぼ同時に、家の周りにさまざまな木を植えました。木の好きな夫は、時には種から発芽させて木の苗を作り、せっせと移植しています。

私たちの裏庭にあるヘーゼルの木も、夫が種から育てたものです。

日本語で西洋ハシバミと呼ばれるヘーゼルは、枝がまっすぐに伸びるので、昔から柵などを作るのに利用されてきた木材です。

去年から少しずつなりはじめていたヘーゼルナッツが、今年は思った以上にたくさん穫れました。どんぐりにも似たヘーゼルナッツ。手でひねってみて、簡単に房からとれるようなら収穫時です。

あ、地面にも落ちている！

食べるのは硬い殻の中の実なので、落ちたものもどんどん収穫します。鳥のさえずりを聞きながら静かに進むヘーゼルナッツの収穫も、贅沢な時間です。我が家の犬、サムもついてきて木の下をうろうろ。と思ったら何やらゴリゴリ噛み始めました。私が拾い残したヘーゼルナッツの殻を歯で器用に割り、中のナッツをポリポリ食べています。犬って何でも食べるのね。

殻を一つずつ割る作業は手間がかかるものですが、冬が来る前に少しずつやっていこうと思います。ナッツ類は買うとかなり高価。自分の裏庭で育つヘーゼルナッツを収穫できるのは、何ともありがたいではありませんか。

ヘーゼルナッツだけでは飽き足らない犬のサム。今度は垣根に茂るブラックベリーを食べていました。

ハロウィーンに何をする？

一〇月三一日はハロウィーン。

「アイルランドが起源よね」と言われることがありますが、アイルランド人の中には「ハロウィーンはアイルランドが起源？　そうなの？」と言う人もよくいます。

調べてみると、必ずしもアイルランドに限定したものではなく、正しくは西ヨーロッパ、とりわけケルト圏の地域に起源を持つ民俗行事だそうです。

夏の終わりを告げる収穫祭、または死者の祭りに由来しており、その前夜である一〇月三一日には死者の霊が家に戻ってきたり（日本のお盆と似ていますね）、この世と霊界の間の扉が開かれる夜とされました。霊界からは悪い精霊や妖精もやってくるため、これらから身を守るために行われていた風習が今でもいくつか残っているのです。

顔がくり抜かれたかぼちゃや仮装、子どもたちが家を回ってお菓子をもらう「トリックオアトリート」（Trick or Treat　悪戯かお菓子か）などは、アメリカの大衆文化が一九世紀後半になって広まったものです。義父が昔「何だあのオレンジ色の野菜は。食えるのか？」と言っていたハロウィーンのシンボル、かぼちゃは、昔のアイルランド人にとってはなじみのない野菜でした。

すっかりアメリカ化して見えるハロウィーンに懐疑的なアイルランド人の夫。

「それじゃあ、アイルランドでは一体ハロウィーンに何をしていたの？」

夫の幼少時代の話を聞いてみると——時代と共に変遷はしているものの、まず、かぼちゃではなく昔はカブ（Turnip か Swede）をくり抜いていたのだそうです。この中にろうそくを灯して家の外に置き、魔除けとしました。

ハロウィーンの一大イベントは何と言ってもたき火です。近所の人たちで家の裏の空き地に集まり、特大のたき火をしたそうです。この火で何かを焼いて食べたわけではなく、どちらかというとかがり火に近い意味合いでしょうか。

古代ケルトのドルイド教も、かつては一〇月三一日にかがり火をし、人々はこの火を家に持ち帰ってこちらも魔除けとしたそうです。ここからこの風習が来ていることに間違いなさそうです。

今でもハロウィーンの日になるとたき火をする人がアイルランドにはたくさんいます。事故につながる場合もあるので毎年国民に向けて警告が出るほど。アイルランドの消防車が一番忙しい日だとか。

家庭では素朴なゲームも楽しんだそうです。りんごを紐にぶら下げ、誰が一番に食べられるかを競ったり、たらいに水をためて硬貨を落とし、顔をつけてコインを口でとるゲームなど。

ピーナッツ等のナッツ類を食べるのも慣習化していて、この時期には店頭にナッツ詰めのパッグがたくさん並びます。

ハロウィーンの時期には、バームブラック（Barm Brack）と呼ばれるフルーツケーキも出回ります。我が家でも夫が町のベーカリーで買ってきたり、私がオーブンで焼いたりして家族でブラックをいただきます。「ブラック」はbreacというアイルランド語が起源で、「斑点のある」という意味です。ケーキの中のドライフルーツが斑点に見えるためです。ブラックをハロウィーンに食べるのはアイルランドの伝統的な風習です。

一見何の変哲もない、アイルランド人が好むドライフルーツ入りのケーキ。ほかのケーキと違うのは、なんとこのケーキに指輪が入っていることです。「誰に指輪が当たるかな～」子どもたちもわくわくドキドキ。

昔は指輪だけでなく硬貨やボタン、指貫なども入れられていたそうです。「指輪＝一年以内に結婚する」「硬貨＝お金持ちになる」「ボタン＝独身男性が結婚できない」「指貫＝独身女性が結婚できない」など、いわば運勢占いに使われていたようなのです。現在のアイルランドには、このうちの指輪をブラックに入れる風習が残っています。今年は……ママが当たり～。子どもたちは「あ～あ」。あとで指輪はこっそりリラにあげました。

指輪が当たった人は、その年は何かいいことがあると言われます。市販のブラックに入っている指輪自体は金のめっきでできたただの輪っか。指で押しただけで簡単につぶれてしまいます。

ハロウィーンはアイルランドの人々にとって季節の節目。今でもハロウィーンの風習が最も純粋な形で残っている国なのかもしれません。

郷土愛が支えるハーリング

アイルランドの国技の一つ、ハーリング（Hurling）の州対抗大会で、見事全国優勝を果たした我が地元クレアチーム。決勝当日はディナーも兼ねて、ヨーロッパ国籍の友人らが我が家に遊びに来ていたのですが、尋常でない緊張感と興奮に震えテレビの中継に釘付けになる我が夫の姿にみんな圧倒され、唖然。

「いつもの物静かなパットはどこへ行った?!」

試合中は座ることもままならず、こぶしを握りしめて叫びまくります。最後には声を枯らしていた夫、試合が終わってからもこみ上げる感情をどうコントロールしてよいか分からぬ様子。もしかして、涙ぐんでいませんか?

翌朝も、目覚めと同時に満面の笑顔で「人生で最も幸せな日だ」と明言しては弟に電話、同郷の友人に電話、その後も誰かと会うたびに決勝の試合について、クレアチームについて、クレアハーリングの歴史について、熱く語っていました。

私自身も「ことの重大さ」がだんだん分かって来て、どうやら「とんでもない歴史のただ中」にいるらしい、クレアの人々にとってこの勝利は「（死んだら）墓まで持っていく」ほど大きな意味があるらしい、と実感しました。そんな興奮冷めやらぬ我がオコナー家。

日本にはこれに近い国民的イベントがないので想像しにくいかもしれません。一体何が起こっているのでしょう。

ハーリングは、アイルランド国民が熱狂する激しい球技です。歴史は非常に古く、なんと二〇〇〇年も前からプレイされているそう。高度な技とスピードが求められる、実に洗練されたスポーツです。

この活動を支えているのがＧＡＡ（Gaelic Athletic Association　ゲーリック競技協会）という機関で、主にハーリング（Hurling）、カモギ（Camogie）、ゲーリックフットボール（Gaelic Football）という三つの国技を振興しています。ＧＡＡの支部はアイルランド全国の各市町村にあり、地域に根ざした運営をしています。選手も監督も全員アマチュア、チームの基盤となっているのは郷土愛です。

ハーリングは地元愛の炸裂する、まさに人々のためのスポーツなのです。決勝の翌日、クレア州の州都である町エニスで行われたクレアチームのホームカミングのイベントに行ってきました。

イベント会場周辺はすべて通行止め。警察や地元の民防隊が忙しそうに立ち働いていました。それにしても、すごい人です。こんなにたくさんの人をエニスの町で見たのは初めてです。通り過ぎたパブの前にはものすごい人だかりが。今夜はエニスの町がお祭り騒ぎになること間違いなしです。

会場ではエニス出身の伝統音楽の若手バンドが野外ライブをしていて、選手団が到着する何時間も前からクレア中の人々が集まっている様子です。

その後の発表では、この日クレアチームのホームカミングにかけつけたサポーターは三万人。クレア州は人口一二万人弱ですから驚くべき数字です。U2がコンサートをしたって、こんなに集まらないぞ。

見知った顔があちらこちらに見えます。のちに仮設ステージに登場した選手たちでさえ、知り合いなのです。こんな風景の中に我が身を置くと、「アイルランドだなあ」とつくづく感じます。この国のサイズ、ローカルさ、連帯感。子どもから大人まで、みんなが夢中になって自分たちを誇りに思っているアイルランド人。

いい国に住んでいるなあ、私。へとへとになりながらにんまりとしてしまうのでした。

おすそ分け

週末に遊びに来た友人家族が、帰り際、「あ、そうそう、おととい釣りに行ってきたんだけど、鯖がたくさん釣れたからもらわない？」

車から鯖を二本丸ごと出して、しっぽを持ってふりふりと見せてくれます。まあなんておいしそうな魚！

「お皿お皿〜！」。二本の魚を無事に保護、その晩にさっそくココナツカレーにしていただきました。

同じ日の午後、今度は別の友人から電話が。

「エリカ？　今からトミー（彼女の夫）がうちで穫れたりんごを持ってそっちに行くから」

なんてありがたい、このおすそ分けの習慣！　一〇分ほどしてトミーが到着、買い物袋にいっぱいのきれいな緑色のりんごをくれました。

「小ぶりだけど、食用りんごとしてもおいしいよ！　虫に食われてるやつなんかはそこだけ切って調理用に使ってよ」

子どもの手のひらサイズのかわいいりんごです。リラとショーンはさっそ

く一個ずつとってふきんで拭くとそのままモグモグ。ちょっと酸っぱいのがいかにも素朴なりんごの味で、おいしいね。

トミー曰く「うちには三〇本りんごの木があるからさ、今年もいっぱい穫れちゃって。よし、じゃ次の訪問地に向けて行くか〜」

きっとトミーの車には、りんごでいっぱいの袋がまだまだたくさん乗っているのでしょう。

トミーが帰ると、夫と「やっぱりもっと果樹を植えよう」と盛り上がりました。りんごの木は我が家にもありますが、木もまだ若く一〇本ほど、やっとぽつりぽつりと実がなりはじめたところです。

おすそ分けの習慣。おすそ分けできるほどの何かがないと実現しませんが、おすそ分けをする知人や友人がいなければ成立しないことも確かです。

家庭果樹園を作って、みんなにおすそ分けできる日が待ち遠しいです。

果樹のある暮らし

八〜一〇月にかけて、今年は家の周りで収穫できるほどのフルーツが実りました。果樹ではりんご、梨、プラムなどが、数は少ないけれど穫れました。数年後には「穫れすぎて困るのよね〜」なんて言ってみたいもの。そんなことを夢見ながら果樹の生長を見守っています。

今年は黒スグリとブルーベリーもほどよく穫れたので、こちらは冷凍して焼き菓子用に。

嬉しかったのはやはりりんごの収穫です。全部で二〇個にも満たない数でしたが、三種類の異なるりんごの木からそれぞれ穫れました。

この家を建てる前に借りて住んでいた家の庭には古いりんごの木があり、数えきれないほどのりんごがなっていたものです。きれいなグリーンの大ぶりな調理用のりんごで、毎年この時期になると処理に追われていました。あの時代が懐かしい。


果樹のある暮らしは、心が満たされます。

入念な手入れが必要ということもなく、毎年少しずつ大きくなるりんごの木。そして年を重ねるごとに増えていくりんごの数。子どもたちも大好きなら小鳥たちにも気に入られ、ときどきくちばしで突かれたあとなどもありますが、これもご愛嬌でしょう。

庭で収穫したりんごを使ってタルトなどの焼き菓子を作ることで、季節を感じることの幸せ。

りんごの木は、アイルランドでは庭に植えてあったり、ちょっとした果樹園があちこちにあったりと、最も定番の果樹です。

りんごのお酒、サイダー（シードル）はあまりにも有名でアイルランドでも盛んに作られています。また、懐かしの母の味と言えば「アップルタルト」と答えるアイルランド人も多いはずです。りんごの栽培は、涼しいアイルランドの気候によく合っているのです。

りんごの木は、春になるとピンク色のかわいらしい花をたくさん咲かせます。秋には葉がきれいに紅葉して、それはそれは美しいものです。

干し草小屋のホームパーティー

ふだんは特に何もない静かな土地ですが、隣人がご近所向けのホームパーティーを開いたことがありました。我が家でも時折パーティをしますが、アイルランドのホームパーティーは「かしこまっておもてなしする」ものとはかなり違います。もっとカジュアルで気楽で、フレンドリーで楽しいものです。

身構えずに自分たちの家を開放できることが私は何より好きで、外でだけ会う友人たちとの距離もぐんと縮むように感じます。

成功の鍵は、ホストに負担をかけないこと。あくまで自然体に、おおらかに。

こちらの隣人はテキストメッセージやEメールが苦手。「デジタルのものじゃなくて、招待状を作って印刷して配るほうがいいな」というわけで、私が文面を手伝い、彼女が印刷して近所の家々に簡素な招待状を配ることにしました。

「○月○日、○時からパーティーします。みんなでシェアできる食べ物、飲み物歓迎します。楽器ができる人はよろしく」

パーティー会場は、古い干し草小屋。

屋根があるから万が一雨が降っても大丈夫だし、たき火もできる。パーティーの数日前に地面をきれいにならし、木のボードを並べてベンチ代わりにしました。

「六時から」と言っても、アイルランドの場合、この時間きっかりに来る人はまずいません。むしろ、個人のパーティーに時間通りに現れることはホストを急かすことになりかねず、敬遠されます。このあたりの心配り、私はとても好きなのですが。

そんなわけで皆さん、自分の都合のよい時間にふらりと現れます。

さて、パーティーと言っても特に何かプログラムがあるわけではありません。必要なのは、集まってくれる人と飲食類ぐらいでしょうか。ホストとな

った隣人が紙皿、紙コップ、フォーク類、数品の手料理を用意していました。「一品持参」というお触れがなかったとしても、ホームパーティーに手ぶらで訪れる人はいません。用意された長テーブルは人々が持ち寄ったサラダやパン、ケーキ、タルトなどの食べ物であっという間にいっぱいに。

飲み物も、お酒を飲みたい人は基本的に持参します。ホストが用意していることもありますが、「このビール最近見つけて、おいしいの。ぜひ飲んで!」とケースで持ってくる人、ホームメイドのジュースやワインをみんなでシェアしようと持参する人もいます。

その結果、ホームパーティーでは飲食類が足りなくなるどころか、パーティー終了後もみんなが置いていったあれこれでキッチンがいっぱい!ということになります。

「余っても仕方がないから持っていって!」とホストが手土産に配るケースもよくありますが、基本的にはホストへのお礼の気持ちから置いていくものです。

地元の農家の人たち、移り住んだ新しい人たち。アイルランド人、イングランド人、ドイツ人、オランダ人。さまざまなバックグラウンドの人たちが集まりました。大人だけでも三〇人超でしょうか。こうした近所の人たち向けのホームパーティーは、その地域に暮らす者にとって「顔出しておかないと」という義務感も働きますから、参加率はとても高くなります。

「あのお宅、電気もついているし家にいるようだけど、パーティーには出てこない様子ね」

なんていうのはご法度です。家にいるなら三十分でも顔を出す。この顔合わせが、いざという時の力になることがあります。

たき火のそばで、フィドルとハープの音楽が始まりました。

その場にいた人たちも、時折聴き入ったり拍手をしたり、またおしゃべりに戻ったり。私もあとからフィドルで参加させてもらいました。

子どもたちはみんな走り回って遊びます。子ども向けの何かが用意されるわけではありませんが、子どもは集まれば自然と遊びはじめるものです。夜遅くまで外で遊んでいい、というのは子どもたちにとって特別な時間。木に登ったり追いかけっこをしたり、いつまでも明るい夜を楽しんでいました。

一一月は死者の月

ある日、夕食の席で娘のリラが「今月は死者の月だね」と言います。

学校の宗教の授業で習ったそうで、夫も「そうそう、いろんな魂がそこらじゅうにうようよしてるよ〜」と笑います。

一〇月三一日のハロウィーンが終わると、カトリックの国アイルランドでは一一月一日は諸聖人の日、二日は死者の日（万霊節）。一一月は、アイルランドでは死者の魂がさまよう月なのです。墓参りがひんぱんに行われ、教会では通常にはないミサが行われ、特別なお祈りも用意されます。

義母の話では、昔は一一月になると暖炉の灰を毎日きれいに掃除し、昼夜を問わず家のドアを開け放していたそうです。ちょっと寒そうですが、「死者の魂がいつでも家に帰って来られるように」ということです。

一一月はアイルランドの人々にとって冬のはじまりです。気候の不安定な月だからか、周囲で訃報の多い月でもあります。

そんな一一月が終わると、一気にクリスマスに向けた準備で忙しくなります。寒く長いアイルランドの冬を彩ってくれるクリスマスは、それだけでありがたい存在です。

見飽きるほどの虹

日本の雨は、天気予報で「雨が降るでしょう」と言えば次の日はきちんと降っています。そして「明日は晴れ」と言えばきちんとお日様が出ています。

アイルランドの天気事情は、これとはちょっと違います。ここ数週間の雨も一日中降っているのではなく、英語で「シャワー（文字通りshower）」と呼ばれる降り方なのです。

形容詞だとshowery（シャワリー）となり、雨が降ってはやみ、降ってはやみのお天気の日をshowery dayと呼びます。

とにかく雲が低いのです。この雨雲がシャワーを運んでくるのですが、低い雲は拡散しているので、雨（雲）が西側からやって来るのが肉眼で見えます。また、数マイル離れた場所では雨が降っているのが見えるけどここでは降ってない、なんていうこともよくあります。

「雨はもうやんだかな？」と油断をして洗濯物を干す。雨雲がやって来てシャワーが降る。慌てて洗濯物を取りこむ。五分後に雨が止む。「もう降らないかな？」と油断してまた洗濯物を出す……という魔の循環に陥ったら、あなたはまだまだアイルランドを知らない！

さて、こんなお天気なので当然、虹がよく出ます。シャワーの合間にくっきりと出る虹はとてもきれいです。先日も、畑で仕事をしていたら目の前に大きな虹が出ていました。

アイルランドの虹はダブルで出ることもしばしば。三重の虹を見たこともあります。

とにかくありふれた風景なので、虹を見ても何とも思わなくなってしまいました。日本から家族や友人が来て「うわぁ、虹だ～」といたく感動しているのを見て、「そうかぁ」と妙に感心したりして。

アイルランドの天気はいつも大西洋側からやって来ます。

地図で見ると、アイルランドはヨーロッパ大陸を守る第一部隊のごとく、最初にお天気がぶつかる場所に位置しています。そして、本当にその通り、嵐、雨、強風、あらゆる悪天候がまずはアイルランドに衝突、それから配置を変えて移動していくようです。

さらには、この天気がヨーロッパ大陸に到着する頃には穏やかになっている。まさに、アイルランドは体を張って低気圧の突撃をもろに受けている、とってもかわいそうな国なのです！

フランスやスペイン、イタリア。暖かく日本のように穏やかな天候の国々は本当に羨ましい。

ああ、これだけ虹が見られてもねえ。

クリスマスキャロルは納屋で

近所に住む友人から誘いが来ました。

「子どもたちがクリスマス劇を家でするんだけど来ない？」

車で行くと一〇分ほどかかるこのお宅ですが、牧草地を突っ切っていくと徒歩五分で着きます。子どもたちを連れて錠のかかった門を乗り越え、石垣をまたいで行ってきました。

この家の子どもは四人。この日は全員コスチュームに身を包んでいました。ほかにも子どもがぞくぞく到着、思い思いの衣装で劇に参加します。

劇はもちろん「メアリーとジョセフ（マリアとヨセフ）」。ヨーロッパではおなじみのイエス誕生のお話です。クリスマスキャロルを歌いながら、まずはみんなでぞろぞろ行進。

メアリーとジョセフに扮するのはきょうだいで、後日談では上の男の子はこの役が嫌で仕方なかったのだとか。農家であるこの家には馬、ヤギなど家畜がたくさんいるので物語にうってつけのステージです。イエスが生まれた納屋そのもの！

そこへ天使現わる。娘のリラも天使役で参加。ショーンは「羊飼いになる？」と訊かれたのに「ノー！」と固く断言、最初から最後まで私の足元にぴったりくっついて離れませんでした。

クライマックスで子どもたちは全員納屋に集合。ちゃんとドラマー（アイルランドの打楽器バウロンで代用）もいました。このシーンのクリスマスキャロルはもちろんThe Little Drummer Boy。ラパパンパン。

私たちオーディエンスは配られたクリスマスキャロルのコピーを見ながら、場面ごとに歌います。夫は友人と伴奏を担当、フィドルを弾いていました。劇のあとは家に入ってあたたかい飲み物とお菓子。子どもだけでも二〇人、大人はもっといたでしょうか。屋外での即興劇は、ちょっと変わったクリスマスの思い出となりました。

ロバはなんの役に立つ？

ロバの鳴き声を聞いたことがありますか？　ロバはとっても奇妙な鳴き方をします。

私はアイルランドに来るまでロバの鳴き声はおろか、ロバそのものを見たことがありませんでした。馬の兄弟みたいな背格好をしているので、一見「ヒヒヒーン」と鳴きそうに見えます。が、実は違うんですね。

アイルランドで初めてロバの鳴き声を聞いた時は、叫びにも喘ぎにも似た声にぎょっとしたのを覚えています。

アイルランドの田舎にはロバがたくさんいます。

我が家の周辺にもロバを飼っている人が何人かいて、すぐ裏の農場にも親子らしきロバが放たれています。ですから、この雄叫びのようなロバの鳴き声は私たちにとって日常の音の一つ。子どもたちはよくロバの鳴き声を真似して遊びます。


「ロバは一体何のために飼われているのか?」とは、よく訊かれる質問です。周りを見ても、特にロバが何かの役に立っているようには見えません。しいて言えば、使っていない土地の草をきれいに食べてくれることぐらいでしょうか。ペットのようなものです。

愛嬌のある風貌とのんびりした性質から、ロバは昔からちょっと間の抜けたうすのろの象徴、愚か者の例えとして登場します。でも、本当はとても賢い動物なのです。

馬に比べて安価で管理のしやすいロバは、貧しかったアイルランドで大変重宝されました。農村では一家に一頭はロバが飼われ、馬車を引いたり、ものを運んだりするのに使われました。現代のアイルランドにロバが多いのも、この名残なのでしょう。

もう一つ触れておきたいのが、ロバの背中です。たいてい体毛よりも濃い色の毛が背中の中心を線のように通り、続けて前脚から背中にかけて走る線がこれと交差しています。何に見えるでしょう?

そう、十字架です。西洋の世界では、ロバは「十字架を背負った動物＝聖なる動物」でもあります。ジーザス(イエス・キリスト)を身ごもったメアリーを母屋に運んだのも、のちにジーザスがエルサレム入城時に乗っていたのも、ロバでした。

ロバは好奇心旺盛、フレンドリーかつ穏やかな性格で、人が通ると近づいてきます。顔がやたらに大きくて、なんともかわいいまなざしの動物です。

赤い実のつくヒイラギの枝

天気のせいか、なかなか重い腰が上がらず、クリスマスの準備も遅々として進まなかった我が家。恒例のクリスマスリースはなんとしても作らねば……というわけで、うっすら雪化粧をしたとある朝、リースの材料を探しに家の周りを散策することにしました。

「今年はヒイラギの木にたくさん実がついてるよ」と夫が言うので見に行きます。

あら、本当だ!

ヒイラギ(正しくは西洋ヒイラギ)はアイルランド原産の木で、こぼれ種で芽が出る野生の樹木です。

私たちの土地にも何本か生えていますが、実がなるものとならないものがあります。また、初秋には見事になっていた実が、クリスマス前には一つも残っていないことがあり、毎年夫と「どうしてなんだろう?」と首をかしげていました。強風など天候のせいか、はたまた鳥たちに食べられているのか。

それが、今年になって目の覚めるような赤い実が見事に並んだヒイラギの枝が、あそこにもここにも。冬の物寂しい風景に映える赤と輝ける葉の緑。ちょっと失礼して、枝を数本いただきます。

今年のリースはシンプルに、クリスマスの木の葉をベースにヒイラギと庭に残っていたあじさいの花で飾りました。

赤い実のついたヒイラギの枝は、クリスマスの時期になると路上で販売されています。アイルランドでは定番のクリスマスデコレーションなのです。

夫は「ママにもあげよう」と言って、このヒイラギの木の枝を少し切って持っていきました。

一二月二五日のクリスマスは、例年通りエニスの町にある夫の実家で過ごしました。義母と義妹が用意してくれたクリスマスディナーをいただき、子どもたちはいとこにたくさん会えて大はしゃぎ。家族で過ごすクリスマスは、アイルランドの人々にとって一年で最も大切な日です。

翌日二六日は聖スティーヴンの日。アイルランドでは旧友などを訪ねるのが習わしだそうですが、今年はアイルランド南西部一帯があいにくの雨と激しい風。

ドアに飾ったリース、明日の朝には落ちているかもしれません……。

アイルランドのクリスマスディナー

毎年一二月二五日のクリスマスの日は、夫の実家に行って家族や親戚でクリスマスディナーを楽しみます。今年もコークに住む義妹家族がやってきて、義妹のマーガレットがディナーの用意をしてくれました。

決して大きな家ではないエニスの実家ですが、この日ばかりは一五人ほどがひしめき合って、交代制でキッチンにてディナーをいただきます。

アイルランドのクリスマスディナーと言えば、七面鳥が主役です。クリスマスの日の数日前からスーパーや肉屋に七面鳥が丸ごと出回りはじめます。大きいものでは五～六キロにもなるこの七面鳥を各家庭で調理し、いただくのです。

たいていはパン粉と玉ねぎ、ハーブで作った詰め物をしてから、オーブンでじっくり三～四時間焼きます。今年はターキークラウンと言って手羽や足の切り落としてある七面鳥をいただきました。昔は生きている七面鳥をクリスマスの一週間ほど前に購入して自宅の庭でえさをやり、クリスマス直前に一家の主がこの七面鳥を絞めていたそうです。

七面鳥をクリスマスに食す歴史はアイルランドでは実はそんなに古くはなく、七面鳥に取って代わられるまではガチョウだったのだそう。夫の両親などは今でも、「七面鳥は（ガチョウよりも）大きくていいけれど、何しろ味が淡白すぎる。ガチョウのほうが風味があった」とよく話しています。

さあ、クラッカーを引っ張ってディナーのスタートです。

七面鳥の丸焼きのほかにも、アイルランドのクリスマスディナーの定番として自家製ハム、ローストポテトなどが並びます。子どもたちも、じいじやいとこに囲まれてしっかり完食。我が家では絶対に登場しない炭酸飲料にもご満悦です。

オコナー家のクリスマスディナーは、このほかにも野菜がたくさん。ローストしたにんじんやパースナップ、定番の芽キャベツのほかに紫キャベツ。これらを好きなだけ取り分けて、最後に熱々のグレイヴィーをたっぷりかけていただきます。


ディナーのあとはもちろんデザート。まずはトライフルと呼ばれるアイルランドではクリスマスに必ずと言っていいほど出てくるデザートを食べます。フルーツ、カスタード、ジェリー、それに小さく切ったスポンジをシェリー酒に漬けたものが入っていて、上にクリームを乗せて食べます。シェリーの香りが引き立つ甘い甘いデザート。

最後は紅茶と一緒に特大のクリスマスケーキの登場です。

アイルランドのクリスマスケーキと言えばフルーツケーキ。義母の作るクリスマスケーキは中でも絶品で、直径四〇センチはあるドライフルーツたっぷりの贅沢なケーキです。一一月半ばに作ってクリスマスまで寝かせ、しっとりと仕上げます。これもアイルランドの母の味の一つ。

食事が済むと、リビングルームにみんなで集まってプレゼントを開けたりテレビで映画を見たりと、のんびり過ごします。クリスマスの日は、このように家に家族が集って過ごす日です。子どもから大人まで、一〇代、二〇代の若者もまた然り。

一二月二五日は祝日であるせいもありますが、誰も出歩かない日で、このあたりでは車もほとんど走っていません。アイルランドの町はとても静かになります。

V
Music in the Glen

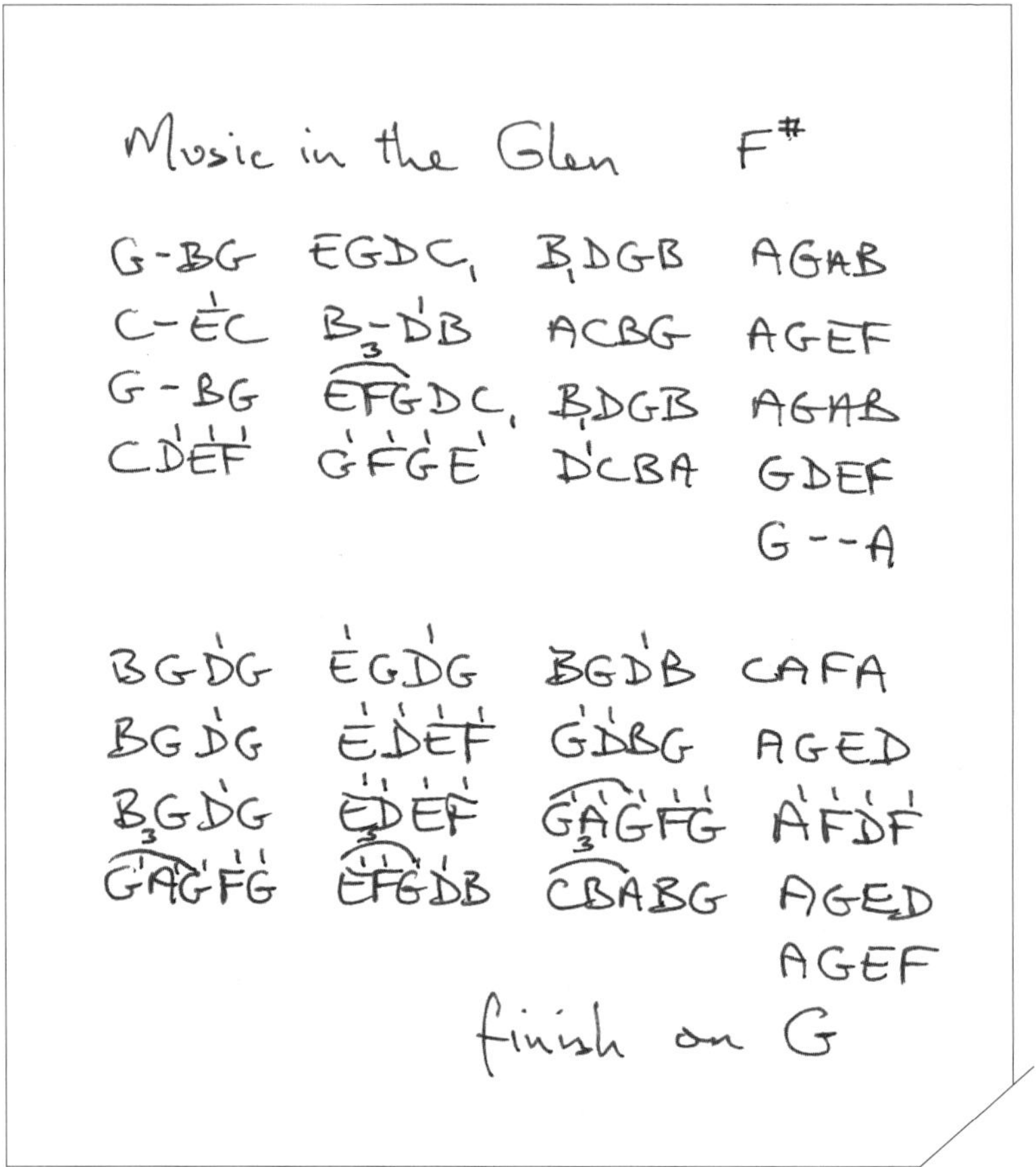

谷に流るる音楽よ(G)　2部構成リール．1部2部2回ずつ演奏．Glenはアイルランド/スコットランド語gleannに由来し，傾斜のゆるやかな谷の意．流れるのはせせらぎか，鳥のさえずりか，はたまた農夫の笛の音か．

初めての糸紡ぎ

毛糸って、羊の毛を紡いでできているんですよね。羊の毛？ 紡ぎ車？ 羊のわんさかいる国アイルランドに暮らす私も、そんなものとはまるで無縁の暮らしでした。

近所に新しく越してきたオランダ人の女性と仲良くなり、一緒にコーヒーを飲んでいたら、彼女も編み物や裁縫など手芸好きなことが判明。いつか糸を紡いでみたいのよね、と私が呟くと、

「紡ぎ車、私、持ってるわよ。貸してあげようか？」

「えっ、ホント?!」

「義理の息子のところのオーガニックの羊の毛もあるから、それを紡いだら？」

「まあまあまあ!!」

まさかの急展開です。糸を紡ぐという夢が、まさかこんなに早く実現するとは。

その日の午後、私は彼女の家から我が家までの徒歩数分の道を、右手に羊毛の入った大型バッグ、左手に紡ぎ車を持ち、えっちらおっちら帰って来たのでした。羊毛入りのバッグは測ると五キロ。中には羊から刈ってそのままの原毛がたっぷり入っています。これぞ本物のフリース。

これをすぐに紡ぐわけにはいきません。生の羊毛には、羊がまとっていた時にくっついた小枝や葉っぱ、虫や土など、いろいろなものが混入しています。あらかじめきれいに洗われ梳かされた羊毛を買うこともできますが、私の場合は一から全部自分でやらねばなりません。

不純物を取り除いてからすぐに紡ぐ人もいますが、私は初心者。まずは正規のプロセスを踏んでやってみることにしました。

つまり、羊毛をきれいに洗う→乾かす→オイルをなじませる→梳かす→紡ぐ、という手順です。

貸してもらったビデオを何度も見て、糸紡ぎに関する文献をたくさん読み、まったくの独学ではじめたこの作業。ようやっと紡ぐ段階までやって来ました。

しかしいざ紡ぎ車を動かしてみると……これが思った以上に難しい。最初にできあがった毛糸は惨たんたるものでした。

英語では紡ぎ車のことをspinning wheelと言い、たいていは足でペダルを踏み続けて車を廻します。私が借りたのもこのタイプ。しかしこれ、手の動きとしっかり連動しないと、うまく紡ぐことができません。太さが均一にならないし、糸の撚りも安定しないのです。

苦戦しながらも毎日一五分ほど何週間も紡ぎ続け、だんだんコツがつかめてきました。

少しずつ慣れてくると、今度は紡ぐという作業が面白くて仕方ありません。スムーズに糸が紡がれていく時間は、何にも代えがたいほど贅沢で穏やかです。日差しの入るサンルームで、コトコトカタカタ言わせながら、最高の手触りの羊毛を紡ぐ。こんなに面白い世界があったのですね。

まずは五キロの羊毛を紡ぐことを目標にします。それが終われば、そう、「染め」ができたら面白い。私たちの家の周りには、アイルランドで昔から染めに使われてきた植物や花がたくさんあります。伝統的な方法で、自分で紡いだ毛糸を染めることができたら。


野菜作りもそうですが、「何かを作る」という作業を自分の手ですべてやってみることで、私は多くのことを学んでいます。昔の人たちはこうして暮らしていたのだなあと実体験でき、照らし合わせて今の暮らしがどう変わってしまったのか、理解することができます。身をもって知るということは、私にとって財産です。

大好きな毛糸。大好きなウールという素材。アイルランド田舎生活でこの素材がもたらしてくれる喜びに、わくわくします。

余り糸で編むカラフル帽子

ある日、夫の働くミュージックショップに「レインボーカラーの手編みの帽子が欲しい」という人が現れ、それがきっかけでまたごそごそと毛糸の入った段ボール箱を引っ張り出してきました。すぐに編みはじめたレインボーカラーの帽子は、その彼が無事に買っていってくれました。これをきっかけに、「どうせならいくつか帽子を編もう」という気になり、結局今年の冬も編み物をしています。

実は、手編みの帽子販売は以前にもやったことがありました。まだ子どももおらず、気ままな生活を送っている頃です。すると帽子販売をはじめてまもなく、義母から大量の毛糸をもらったのです。

義母の世代のアイルランドの女性たちにとって、編み物は生活に密着した営みであり、料理や洗濯と同じく家事のひとつでした。子どものため、自分や夫のために編んだセーター、靴下、帽子は数知れないことでしょう。編み物をする者にとっては当たり前のことですが、毛糸は必ず余ります。一個だけ残った毛糸玉や毛糸玉の半分だけ、というのは使い道に困るものです。

義母はそんな余りの毛糸をすべて取っておいて、帽子作りをはじめた私に譲ってくれたのでした。これが私の帽子作りの原点になってくれました。

私の編む帽子は、ほとんどが三～四色の異なる毛糸を使ったボーダーのデザインです。

帽子は一つ一つパターンが違います。冬はコートなど暗めの色合いになりやすいですが、カラフルな帽子で元気になってもらおう！と色の組み合わせを楽しみながら編んでいます。カラフルな帽子を編むのに、この義母からもらった色とりどりの毛糸はもってこいなのです。

最初は「この色はあんまり好きじゃないな」と思っていても、意外な色との組み合わせでたまらなくおしゃれに見えたりと発見もあり、ちょっと癖になる帽子作りです。

今では子どもたちや夫の帽子も私の手編み。毎日かぶってくれているのを見ると、日常の何気ない幸せがここにもあるなあと感じます。

玉ねぎ色の毛糸

我が家のリビングルームから延びたサンルームに、紡ぎ車を置いています。少しでも時間ができると紡ぎ車の前に座り、羊毛のにおいに包まれながらゆったりと毛糸を紡ぐのです。私が紡いでいる羊毛は白。これが羊の色そのものかと思うと嬉しいものですが、白い毛糸玉が少しずつ増えていくと、いよいよ染色に興味が湧いてきました。まずは自分で紡いだ真っ白の毛糸を、色がまんべんなく染まるよう輪にまとめます。

初めての毛糸の染色に、何を使おう？　私が選んだのは、玉ねぎの皮です。これなら手軽にできそうです。数か月前から、料理の際に出る玉ねぎの皮を捨てずにすべてとっておきました。これで染料を作ります。

玉ねぎの皮をアルミニウムの大鍋でぐつぐつ煮ること小一時間。水がどんどんオレンジ色に染まっていくのが分かります。玉ねぎの皮からこんなに濃い色が出るなんて。染め液が完成したら玉ねぎの皮を取り除いて、いよいよ毛糸を投入します。

毛糸は、鍋に入れる前にお酢の入ったお湯につけておきました。染色には色止めとして媒染剤が使われます。大抵はミョウバンや鉄などで、媒染剤によって発色も変わってきます。私の場合、媒染剤が手に入らなかったのでお酢を使いました。アルミニウムの鍋を使うのも色止めに効果があると言われています。

沸騰直前の弱火で三〇分ほどでしょうか。色がしっかり行き渡るように、何度か毛糸をひっくり返して様子を見ます。染め上がったら、お次は色が出なくなるまで水で毛糸を何度もすすぎます。この日は雨降りだったので、お風呂場で毛糸を乾かしました。

こんな過程を経て見事に染まった毛糸は、何とも言えないナチュラルなオレンジ。ちょっと感動してしまうほどの素朴な色合いです。

染色は、私にとってまったくの未知の世界です。伝承される染色技術は世界中にあり、アイルランドにもリネンや羊毛の染色の伝統があります。自然から得られる花や植物を使った草木染めですが、紅茶のティーバッグなど、私たちの身近にあるものでも染色は可能です。

またものを見る目が変わっていきそうです。

手紡ぎ毛糸を編んでいく

近所の友人から紡ぎ車を借りている私ですが、最近彼女からさらなるオファーがありました。

「実はね、屋根裏にもう一台あるのよ、紡ぎ車」

「オランダから運ぶ時にばらばらに解体しちゃって、自分で組み立てられそうもないの。よかったら組み立てて使ってみない？」

お任せください！

次の日に彼女の家の前を通りかかると、さっそく「エリカ、これこれ！」と呼び止められ、パーツがばらばらに入ったバッグを手渡されました。

もちろん説明書はありません。それどころか、この紡ぎ車にはメーカー名すらないではありませんか。そこで頼りとしたのは、インターネットの画像検索なるもの。紡ぎ車は実に多様で、国や地域で伝統的なスタイルが異なり、メーカーによってもデザインが違います。

パーツとにらめっこし、「これに近いんじゃないか」と思われる画像を参考に、時間はかかりましたが無事に組み立てることができました。完成！ ばんざい！

一台目と比べるとクラシックな構造の紡ぎ車です。

パーツはすべてオーク材、釘もねじも一本も使われておらず、見た目も美しい。待ちきれずにさっそく毛糸を紡いでみると……

わあ、なんて気持ちいいんでしょう！

余分な力を入れずとも、羊毛がすーっと指を通って撚られ、糸になっていきます。車輪の回る音、糸がボビンに巻かれていく時の音、まるですべてがアートのよう。

これはもう止められません。

全部で四つのボビンがついてきました。私は二つのボビンにそれぞれ糸を紡いでから、この二本の毛糸をさらに一緒に撚り、編み物に使う毛糸を作ります。

ボビン専用のスタンドは夫が手作りしてくれました。家を建てた際に残った床材に、ドリルで穴をあけ割り箸を固定。大変重宝しています。

糸を紡ぐのは時間のかかる作業ですが、少しずつ手紡ぎの毛糸ができあがってきたので、これを使った編み物もはじめています。

最初に使ったのは、初期に紡いだでこぼこの毛糸。これはこれでかわいいけれど、繊細なものは編めそうもない。家の中で使えるような何かを作れないかしら。

そこで思い立ったのがコンテナです。大きめのコンテナを編んで、これで足元に散乱していた毛糸玉をすっきり収納することができました。両側にハンドルをつけたので持ち運びも簡単。もう一つのコンテナもかぎ針でどんどん編み、玉ねぎの皮で染めた毛糸も編みこんでシンプルなボーダー柄に。もこもこのコンテナ、完成！　これはこれで独特の風合いが生まれていいわね。糸が太いから形が崩れることもなく、キッチンの片隅に置いて毎日使っています。

紡ぎ車を借りている隣人には、お礼の意味をこめて手紡ぎの毛糸をプレゼントしました。

彼女は編むのがとても早く、さっそく「孫にベストを編んだの！」と家族を連れて遊びに来てくれました。うわー、かわいい！　この子のおばあちゃんが編んだ特別なベスト。この子のパパが飼っている羊の毛を私が紡ぎ、この子のおばあちゃんが編んだ特別なベスト。

羊の原毛から糸を紡ぎ、形あるものを作ることは亀の歩みと呼んでもいいほど。でもその過程を楽しむことができるなら。一つ一つの工程を踏むたび沸き起こる充足感を知ってしまったら。もう後戻りはできません。

紡ぎ車を買う

とうとう買ってしまいました。夢にまで見た自分だけの紡ぎ車。今までずっと隣人から借りた紡ぎ車を使っていましたが、ある時突然、夫が「エリカ、やっぱり紡ぎ車を買おう」と言い出したのでした。

購入したのは、ニュージーランド産の老舗、アッシュフォード社（Ashford）の紡ぎ車「エリザベス30」。アッシュフォード社が二〇一四年に創業八〇周年を記念して限定発売したもので、裏側にはアッシュフォード夫妻の直筆のサインまであります。

数量限定なので取り扱っていない店が多く、そもそも新品では手が出ないほどのお値段です。紡ぎ車のトップメーカーのひとつであるアッシュフォード社の最高級モデル。そもそも初心者向けのものではないので、私にとっては最初から選択肢にありませんでした。

それが、なんと中古で販売されているのをたまたま発見してしまったのです。しかも、購入後わずか半年しか経っていない新品同様。これはまさに巡ってきた運命？

さっそく売り手に電話してみると、ダブリン州在住のオーストリア人の男性でした。ほぼプロと言っていい紡ぎ手、兼編み物作家。何を紡いでいるのか、今どんな紡ぎ車を使っているのかなど延々と話しこんでしまいました。

「今まで使った紡ぎ車で最高の代物なんだけど、紡ぎ車を車に積んで教えに出かけたりするものだから、ライフスタイルにどうしてもそぐわないと分かってね。泣く泣く手放すんですよ」

郵送ではなく直接説明して渡したいということで、数年ぶりに車でダブリンへ。片道三時間の慣れないドライブでしたが、わざわざ足をのばした甲斐がありました。

用意してくれた手作りのケーキとおいしいアイルランドの紅茶をいただきながら、糸紡ぎのさまざまな知識を伝授してもらいました。彼の紡いだ毛糸や編み途中のセーターも見せてもらい、改めてこの毛糸の世界の奥深さと無限の可能性にわくわくしました。紡ぎ車の購入というだけでなく、私にとって貴重な縁をいただいた気持ちです。

支払いを済ませ、車の後部座席を倒して紡ぎ車を搬入。「何かあったらいつでも電話してね」というあたたかいメッセージをいただき、無事に我が家まで持ち帰りました。

車輪の直径はなんと七六センチ。こんなに大きな紡ぎ車は、私は見たことがありません。

隣人から借りていた紡ぎ車は、どうやらリネンを紡ぐためのものらしく車輪が小ぶりです。並べてみると違いは歴然。車輪が大きいので、ペダルを一度踏むだけでいつまでも回り続けるエリザベスさん。なんという優雅さ。なんという美しさでしょうか。

紡ぐ際に座る専用の椅子も一緒にいただきました、嬉しい！　ちゃんとこの仕事を分かっている人から購入したので、付属のアクセサリーも本格的です。ボビンは八つ。特大ボビンも重宝しています。

この紡ぎ車さえあれば、将来さらに良いものを探し求める必要はありません。まさに一生もの。大きな買い物でしたが、後悔は少しもありません。

ああ、これから何を紡ごう。紡いだ毛糸で、何を作ろう？　夢がどんどん膨らみます。それにしても、私は一体何をしようとしているのでしょうね。

ここから少しずつ何かがはじまっていくのでしょうか。

ふかふか、アルパカ紡ぎ

私の暮らす村に、羊毛刈りの名人がいます。

パットさんは小さな羊農家ですが、六月になると村中の羊農家に呼ばれては羊の毛刈りを行っているそう。「一日に一〇〇匹の羊を刈ったこともあるよ」羊の種類はもちろん、羊毛のクオリティーにも詳しい、村出身の農夫さんです。

ある日村のパブで友人と過ごしていると、そこへふらりとやって来たパットさん。私が糸を紡いでいることを聞くと大喜び！　パットさんによると、アイルランドで刈られる羊毛のほとんどはイングランドの業者に安く売られていくのだそうです。最近では、そこからさらに中国の業者が大量に羊毛を買いつけたとか。

「家の断熱材に使うんだってよ」

「地球の反対側に運ばれていくより、地元で使ってくれる人がいるならそのほうがずっといい」

「今度、家にある羊毛を持ってきてあげるよ！」と何度も繰り返します。

ま、これはよくある「口約束」というものですよね……とたかを括っていた私。

数日後、泥だらけの長靴を履いたパットさんが、我が家の玄関に現れた時はびっくりしました。

「ほらよ、約束してた羊毛だよ！」

車からどんどん大きなバッグを運び入れるパットさん……な、なになに?!

「これは俺が飼ってる黒い羊の毛。そしてこっちは、アルパカだ！」

ア・ル・パ・カ！！！

パットさん曰く、村の反対側に住む羊農家さんのところに、アルパカが数頭飼われているそうです。しかしこの農家さん、刈ったあとのアルパカの毛をどうすればよいのか分からず、いつもパットさんに「持っていってほしい」と処分を頼むのだとか。アルパカの毛の価値やクオリティーを知るパットさんは、もちろん廃棄せずにとっておいたのでした。偉い！

アルパカという素材は「高級」とか「手触り抜群の柔らかさ」ということで知られていますが、はて、どんな動物でしたっけ……ああ、あの首の長いラクダのような顔をした……こんな動物が村のどこかにいるんですね～。
アルパカの飼育は、近年アイルランドでも人気だそうで、牛や羊が食べないイグサも食べてくれるとか、南米の動物にしてはアイルランドの気候でも飼育しやすいと聞きます。何かの生産のためというよりは、ペットとして飼っている人が多いようです。

アルパカの原毛を触ってみると。ふっかふかでございます。さっそく紡いでみると……ふっかふかでございます！

こんな大量の原毛（フリース）をくれたパットさんに、何かお礼をしなくては。さっそく、パットさんの刈った黒い羊毛とグレイのアルパカを三本撚りにして紡ぎました。この毛糸を使って帽子を編むことにしたのです。

パットさんのお家も知っているけれど、わざわざ訪ねるのも仰々しいので郵便で送ることに。

梱包してフィークル村の郵便局に持っていくと、局員のブライアンが
「パットだったら今日の午後ここに荷物を取りに来ることになってるから、渡してあげるよ。切手もったいないし」

ははっ、ありがとうブライアン。

私にとって、地元産の原毛を紡ぐことは何より価値のあることです。

この土地にあるものを使う。この土地にあるものを食べる。そんな地産地消の暮らしを大切にしたいし、私たちの暮らしの基本であってほしいと思います。

去年の夏にいただいた白い羊のウールは、ここから車で一五分ほどの場所に放牧されているオーガニックの羊の毛です。加えて、村の中心近くで飼われる、パットさんの黒い羊のウール。そして、村の反対側にいるらしい、アルパカのウール。この環境。この幸運。ありがたいことです。

はるばるドニゴール

糸紡ぎなど毛糸遊びを共に楽しむ友人と、以前からたびたび「行きたいですね〜」と話題にしていた場所があります。ドニゴールです。

ドニゴール州は昔からウールやリネンの生産で知られ、私が編み物に使う羊毛一〇〇%の毛糸も、ドニゴールの紡績場で紡がれています。

ツイード（tweed）と呼ばれる生地を使ったジャケットや帽子は日本でも知られていますが、ドニゴールはウールを織って作るこのツイードの生産地としても有名です。

そのドニゴールに、ついに行ってきたのです。

私の暮らすクレア州はアイルランド中西部、ドニゴールは島の最北。宿泊云々となるといろいろ大変だし……ということで旅は強行化。自宅を夜中二時に出発し、朝一番にドニゴール着という無謀な計画を実行することになりました。休憩をはさみながら、真っ暗の道路をひたすら北に向かい、日が昇る頃にやっとドニゴール州に入りました。

レターケニーという比較的大きな町の手前で迷い、ガソリンスタンドで道を尋ねると、カウンター越しの男性がHow are you doing?

アクセントが全然違う！　まるで異国に来たようです。

道路も無事に見つかり、海沿いのドライブが気持ちのいい朝。湾の向こう側はデリー州です。すると突然、私の携帯電話の電波が混線したかと思うと「ユナイテッド・キングダムへようこそ」というテキストメッセージが入ってきました。北アイルランドをすぐ横に感じます。


ドニゴール南西部にある小さな村でウール製品を生産販売するお店に行くことが、私の夢でした。糸生産の過程も見学でき、私にとっては大収穫です。

この工房では、古い機械を使って糸を紡ぎ、手作業でこれを織っています。二階では、二人の男性が木製の織り機に向かっていました。話しかけると、二人ともドニゴール出身で、長年ここで仕事をしているとのこと。
「織るっていう作業はね、同じ動作を繰り返しているように見えても飽きることがないんですよ。毎日違う作品を織っているし、いつも新鮮な気持ちで織り機に向かっているんです」

使用している織り機は、作られてから九〇年は経っているのでは、ということでした。機械化された織り機はなく、すべて手織り。職人の誇らしげな顔が、強く印象に残りました。店で購入したのは羊毛のしっかりとした手触りが残る、素晴らしいマフラー。涼しい季節に愛用しています。
ふだん見られない貴重な手仕事と、そこに働く人々との出会いのおかげで、特別な旅となりました。夜一一時に帰宅すると、夫がレンズ豆のカレーを熱々にして待っていてくれました。

さてドニゴールと言えば、ハロウィーンになると子どもたちが声を合わせて韻を踏む、こんな言葉遊びを幾度となく聞きます。

Trick or treat, trick or treat.

いたずらかお菓子、いたずらかお菓子、
どっちがいい?

Give me something nice to eat.

Not too big, not too small,

just the size of Donegal.

何か素敵なお菓子をちょうだい。

大きすぎてもだめ、小さすぎてもだめよ。

ドニゴールと同じぐらいの大きさにしてね。

ドニゴールはアイルランドで四番目に大きい州だそうで、息子のショーンも村の住宅地に友だちと出かけ、ドニゴールと同じほどのお菓子をもらってきました。

今からドニゴールへの再訪を夢見ています。

三〇歳年上の友人

冬になると、週に一度決まった日に近所に住む女性の家を訪ねます。一人暮らしの彼女はおしゃべり相手が来るのをいつも楽しみにしていて、午前中の二時間ほどを共に過ごします。洋裁や編み物の得意な彼女は、いつでも何か作っています。

彼女の家を訪ねる時は、私も今自分が編んでいるセーターや手袋などを手提げかばんに入れて持っていき、お互い手を動かしながらおしゃべりをします。

彼女はお茶を飲みません。もっぱらコーヒー派の人で、私が行くといつでも「コーヒー入れるわよ。エリカはお砂糖とミルク入れるのよね」と、愛用のコーヒーメーカーでおいしいコーヒーを入れてくれます。ミルクを使うのは私だけ。私が冷蔵庫を開けても、彼女は全然気にしません。気兼ねのないつきあいです。

彼女は、私よりも三〇歳年上です。私の両親と同世代の人です。

いつの間にか親しくなって、散歩の途中に彼女が我が家に立ち寄ったり、外でばったり会って数分立ち話をしたり。

ある日彼女から電話がかかってきて、「今からバリナーの町に頼んでいた老眼鏡を取りに行くんだけど、天気もいいし、ドライブがてらエリカも一緒に来ない？」。急ではあるけれど、そんなことをしてみてもいいのかも。

「OK、じゃあ支度してそちらに歩いて向かうわよ」

フィークルの村を出て、田舎町を一つ通過するとまもなくダーグ湖が丘の向こうに見えてきます。晴れ渡った清々しい時間、湖畔の道路をゆっくりドライブしていきます。湖には風を受けて走るヨット。道路の反対側は急こう配の丘、太陽の光を浴びた濃い緑が眩しいほどです。

駐車場に車を停め、彼女の愛する飼い犬リンゴを車内に残して眼鏡屋さんに付き添います。

店のステップを上がる時、足腰の弱い彼女の手をとって一緒に入店します。

「私ったら老婆みたいよね！　まったくいやになっちゃう」

それから、彼女の親友が働く健康食品店に立ち寄り、クラフトコーナーでフェルト作り用のきれいなウールを見つけました。

「羊毛一〇〇%だし、どれも色がきれいでお買い得だわよ！」

くすんだアザミ色や抹茶色の羊毛の玉をたくさん買って、自分のバッグに詰めこみます。

ショッピングが終わると、お店の女性に教わった小さなカフェで一休み。ミルクがたっぷりのラテとさくさくのペイストリーをいただいて、バッグからこぼれ落ちそうな羊毛の玉をもう一度出して眺めては、「何を作ろうかしらね」とおしゃべりの止まらない二人。

お店の人たちに、私たち二人がどう映ったかは知りません。風貌や話すアクセントからして母娘ではないだろうし。

世代が違えば考え方や受け止め方が違うこともあり、家族観や社会問題などの話をしている時に「えっ、そんな風に思うの？」と顔を見合わせることもあります。世代を越えて、実はお互い多くのことを学んでいるのかもしれません。年がこんなに違っても、「フレンド」とお互い呼べることを嬉しく思います。

さてバリナーの町でお茶をした数日後、「エリカ、すごいこと発見したの！」と興奮気味の彼女に会いました。

「エリカと二人で外出したあの日ね、偶然にも女性の日（International Women's Day）だったんですってよ！」

そう言って、彼女は私に抱きつき、大喜びをしたのでした。

毛糸のシャムロック

聖パトリックの日には、胸元に本物のシャムロックの植物を束ねてつけますが、そう簡単に手に入るものではありません。
そこでこれに似たものをウールで作れないかなと思い、かぎ針で作りはじめたのが、シャムロックをかたどったブローチです。ぷっくりと立体感のあるシャムロックの裏にブローチピンがついているので、胸元だけでなく帽子やバッグにつけることもできます。地元で置いてくれる場所がないかしらと思い、郵便局のブライアンにそれとなく尋ねてみると
「いいね、窓口で販売してあげるよ。聖パトリックの日の三週間前ぐらいに持ってきて」。

いつもお世話になっている信頼度抜群、我が村の誇るべき郵便局員ブライアン。この人なしには私は迷子になってしまう。ありがとう。

二月も下旬を過ぎると、私はこのシャムロックブローチを何十個も作ります。最後に紙のタグをつけますが、今年は子どもたちが「やりたい」というので手伝ってもらいました。

おかげさまで村の郵便局では、私のシャムロックブローチが地元の人たちに大変好評。ブライアン曰く「今年は販売しないのかって、もう問い合わせがあったよ」とのこと。今年も三〇個近く売れているそうです。

「これ一体誰が作っているの?」と知りたがる村の人たち。私の名前はタグに明記していないのに、多くの人から「ブライアンから聞いたよ!」「エリカのブローチ三個も買っちゃった! イングランドの息子夫婦に送ったんだよ」などと声をかけてもらいます。去年の聖パトリックの日には、私のブローチをつけている人たちを村のパレードで何度も見かけ、嬉しくなりました。

夫の働くカスティーズのお店には、年間を通してカウンターに置いてあります。シャムロックはアイルランドのシンボルの一つでもあるので、お土産として重宝するのだそうです。

アイルランドの工場で紡がれる羊毛一〇〇%の毛糸を使ったシャムロック

型のブローチ。そろそろまた毛糸を追加注文しなければ。

ほどいて編み直す喜び

学生時代に渋谷の町のどこかで買ったセーターを、未だに持っていました。パターンなど何もないシンプルなセーターで、桃色の控えめなグラデーションがきれいです。これは私の色だな！　とピンと来て、迷わず購入したことを今でも覚えています。

このセーターは大きめに作ってあり、すっぽり着れるのが嬉しい一着です。そのため、ほぼ部屋着の感覚で愛用していました。

自分の持っている服の素材が何であるか、以前よりも敏感になっている私はこのセーターが羊毛一〇〇%であることにも気づきました。洗濯方法などの表示はなく、メーカーの名前もありません。唯一のタグには「WOOL 100% MADE IN NEPAL」。ネパールで作られたのかあ。

素材も色も好き。でもただ一つ気になる点が。どうも形がよろしくないのです。

カジュアルにはおれるのは嬉しいのですが、もう少し私の体になじんでくれる形なら、もっと愛せるのにな。もったいないな。どうにかならないかな。

悩んだ末、思い切って一度セーターをほどき、自分で編み直してみることにしました。ほどきはじめると、思った通り良い毛糸です。

メリノウールのようななめらかさはなく、しっかりとした羊毛本来の「らしさ」を備えた、私好みの毛糸です。これはほどいて編み直す価値がある。

上に向かって薄くなっていく淡いグラデーションがそのまま残るように編みました。袖を元のものより心持ち長めにしてみると、袖口が手の甲を「てろっ」と半分覆ってくれ、これが誠に気持ち良いのです。だぼだぼだった袖が消え、シェイプのなかった胴部分もすっきり。

着心地は、抜群です。

編み終わると、毛糸がだいぶ余ったようです。この分軽くなったということでしょう。

メーカー名のないネパールで作られたセーター。ひょっとして手編み？と期待したこともありましたが、自分の手編み部分と比較してみると機械編みであることが一目瞭然。残念！

一枚のセーターに一瞬だけ同居した二つの編地を見比べて、やはり手編みの編地は良いなあとつくづく感じました。機械編みには絶対に出せない風合い。手触りさえ、ずっと柔らかな気がします。

新しいセーターを買う必要はありません。自分の手で作る力があれば、生きる力があれば、ものを丹念に使いこむことができ、形を少しずつ変えながらものがよみがえっていく。

この感覚が好きです。

VI
The Mountain Road

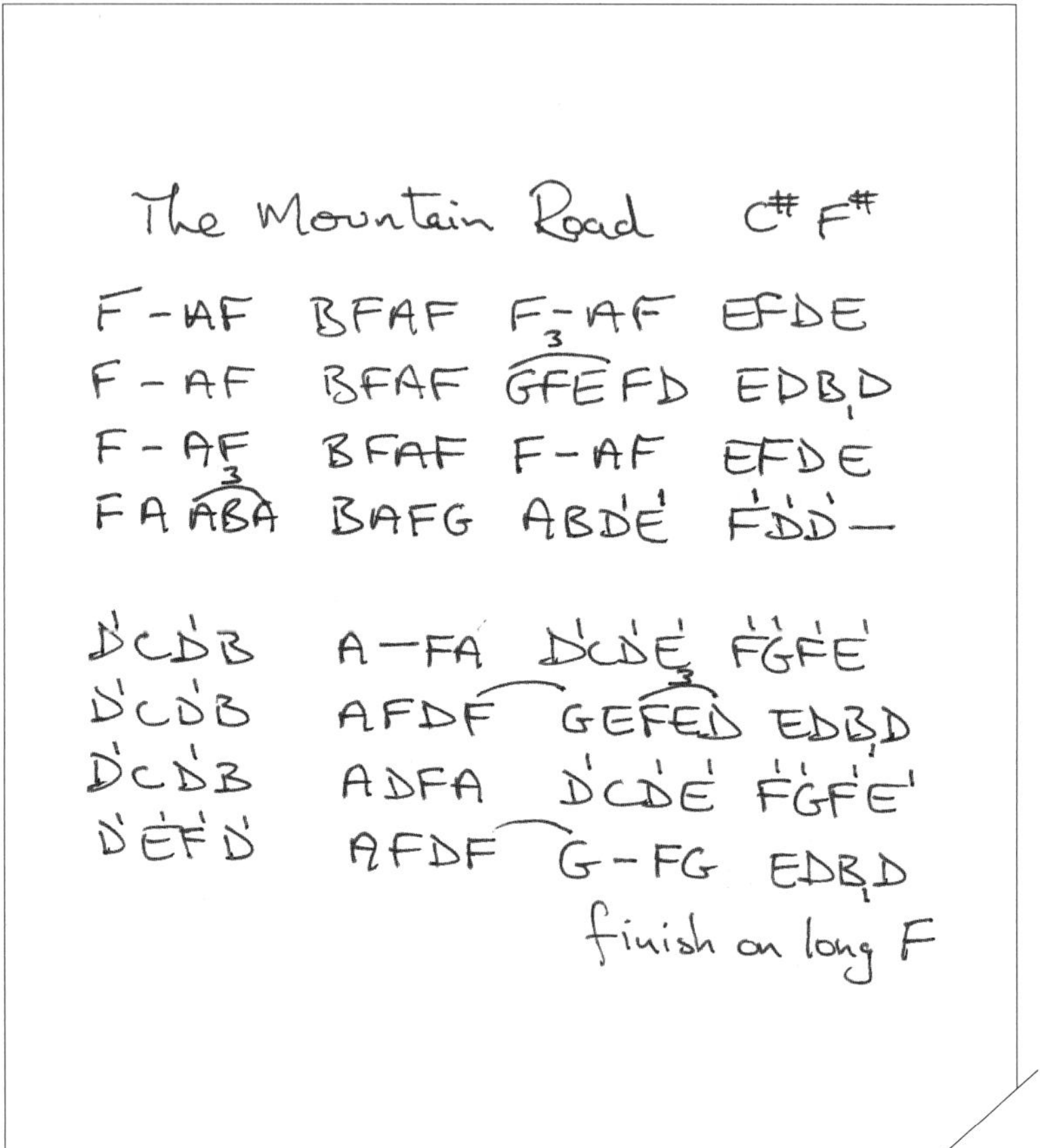
The Mountain Road C# F#

F-AF BFAF F-AF EFDE
F-AF BFAF GFEFD EDB,D
F-AF BFAF F-AF EFDE
FA ABA BAFG ABD'E' F'D'D'—

D'CD'B A-FA D'C'D'E' F'G'F'E'
D'CD'B AFDF GEFED EDB,D
D'CD'B ADFA D'C'D'E' F'G'F'E'
D'E'F'D' AFDF G-FG EDB,D
finish on long F

山道を行く (D)　2部構成リール．アイルランドには山が少なく丘陵地が多い．山とも丘ともつかぬ一方通行の田舎道，曲がりくねったなだらかな坂をぐんぐん上っていけば，見晴らしの良い場所に出ることだろう．

美しい人

彼女はアメリカに五〇年以上暮らしています。生まれはコネマラ、アイルランドのゴールウェイにあるアイルランド語が話される地域の出身です。

彼女に初めて会った時、「なんて美しい人なんだろう」と思いました。容姿の話ではありません。彼女のたたずまいには、誰が何を語るまでもなく、人としての美しさが満ちていたのです。

コネマラ地方の農村から、先に渡ったお姉さんを頼りに一人でアメリカに移民した時、彼女はまだ一〇代だったそうです。当時から今に至るまで、一体どんな人生を送ってきたのか、彼女は多くを語りません。決して楽な生活ではなかっただろうね、と皆が言います。

彼女は歌をうたいます。アイルランドの古い歌を、母語のアイルランド語で流れるように歌います。何も求めない人。それでいて、寛大な人。静かな物腰の彼女は自分には厳しく、深い愛情のある人です。

飾らず、ユーモアに富み、コミュニケーション上手な人。観察力があり、知的で繊細。ともすれば壊れてしまいそうに思われて、同時に芯の強い人。そんな風を演じているわけではなく、他人にアプローチをしているわけでもありません。ただもう、そういう人なのです。

こんな人が世の中にはいるのだな。こんな人が生きられる世の中なのだな。こんな人が生きられる世の中は、そんなに悪くないはずだな。そんな風にも思えてきます。彼女のような人に出会うことで、私の心は洗われ、豊かになっていくように感じます。

我が家に数日泊まっていた彼女は、子どもたちがベッドに行くと「歌をうたってあげてもいいかしら」と子どもたちの寝室へ。そっと覗くと、二台のベッドの間にぺたんと正座して、子どもたちに真剣に歌い語らう彼女の後ろ姿が、今でも目に焼きついていています。

親切の押しつけではなく、無理強いでもなく、これが彼女なりの子どもたちへのアプローチ。そして、子どもたちにもそれがちゃんと分かるのです。素直に彼女の心を理解したようです。

数年前に発覚した病で体が少しずつ不自由になってきた彼女。治ることのない病気との静かな格闘が、彼女の美しさをいっそう引き立たせている、と言ったらおかしいでしょうか。

今、彼女に教えてもらった歌を子どもたちはそらで歌います。かわいそうな、小さなコマドリの歌。アメリカの、ミズーリの歌。

ほんの短い間、時間を過ごしただけなのに、かけがえのないものを残していってくれた彼女。また会えるでしょうか。

「歌っているのは歌なんです」

縁あって、日本から来たある女性のために歌の個人レッスンをアレンジしました。「地域で伝統的な歌を教えてくださる方がいらしたら」という彼女の希望で実現したレッスン。そのご案内と通訳の仕事は、私にとっても初めての経験でした。

アイルランドにはアマチュア、プロを問わず実に多くの歌い手たちがいます。古くから残る歌、英語で歌われるラブソング、故郷を思う名歌、みんなで合唱するパブソングまで、豊かな歌のカルチャーが広がっています。

今回は東クレア出身の女性の歌い手にレッスンをお願いし、英語の歌とアイルランド語の歌を一曲ずつ、教えてもらいました。

アイルランドの伝統的な歌い方とは何か、という話になった時のことです。「これは歌う時のアプローチであると同時に、結果的にも特徴なのだと思うのだけど」という前置きに続けて、講師の女性が言います。

「アイルランドの伝統的な歌い方は、〝歌っているのはあなたではない〟ということです」

「歌っているのは歌なんです。歌い手はその歌を歌わせられている、いわば道具なのです」

大事なのはあなたではない。歌の内容、歌の美しさが大事なのであり、聴く人たちもそれを聴いているのです。異なるジャンルの音楽では、個人としての歌手こそがパフォーマンスの主導権を握り、オーディエンスもその歌手を聴くためにやってきますが、アイルランドの歌は違う。それが大きな特徴だ、と言うのです。アイルランドにおける優れた歌い手は、歌の中にあるストーリーや歌の持つ美しさを豊かに表現できる人。

「一見ひどく地味で、ダイナミックな表現がないように勘違いされるアイルランドの歌の世界は、自分、そして自分の感情をいかに殺すか、無の存在に近づけるかということでもあるのです」

そんな話を聞きながら、私は数年前に受けたフィドル・ワークショップでの講師の言葉を思い出しました。

The tune is always better than your playing.

――あなたが弾いている曲は、あなたの演奏よりも常に優れている

アイルランドの伝統音楽の演奏でも「大切なのは曲。あなたにどれだけのスキルがあるかを見せる演奏ではいけない」というアプローチを説くミュージシャンが多く、共感します。

もう一つ共通していたのは「聴くことは学ぶこと」という姿勢。レッスンの終わりに「ぜひCDをたくさん買って聴いてくださいね」と、おすすめのシンガーたちの名前をずらりとリストアップしてくれた講師の女性。

「優れた歌い手たちを聴きこむことが大事です。何度も何度も聴いているうちにいろいろな発見があるはず」

自分の耳で聴いているものが自分の歌（音楽）の糧になる。ごく自然な学びの術のように思います。アイルランドにおいて、歌うことと楽器を奏でることにはいくつもの共通点があります。

「現代の人もいいけれど、一世代昔の素晴らしい歌い手たちの音源をぜひ勉強してみてください。彼らが現代のすべての歌い手たちのルーツなのですから」。

歌と音楽は切っても切れない関係。歌わない私にとっても、わずか一時間の通訳の中で多くを学んだレッスンでした。

音楽を培う土地

「アイルランド音楽はアイルランドに来てみないと分からない。風土、自然、雨や風、そういったすべてを体で感じた時、『ああ、この音楽はここで生まれたんだな』っていうことが、すっと分かるのよ」

そんな風に話すフランス人の彼女の話を聞きながら、私は初めてアイルランドを訪れた時のことを思い出していました。当時の私も、彼女とまったく同じことを感じていたからです。

すっかり意気投合、いつの間にか親しい友となった彼女もまた、私と同じフィドルを弾きます。アイルランド音楽を楽しむ外国人同士、共通する話題も多く、夜が更けるまで話しこんだこともありました。

アイルランドのダイナミックな自然や風景を肉眼でとらえた時、五感でアイルランドの空気にさらされた時。アイルランド音楽は不思議とこの画の中にフィットします。

植物がほとんど育たない、バレン高原の石灰石の地を歩いた時。

ドニゴールのダイナミックな崖っぷちに立った時。

緑の牧草地の真ん中に、朽ち果てた石造りのコテージを見た時。

風に流される雨のカーテンを肌で感じた時。

アイルランドの音楽は、アイルランドの風土を想起させます。

むろん、それだけがアイルランド音楽を作りあげた要素ではありません。人、歴史、生活、そこにあったあらゆる事象によってアイルランドの音楽は生まれ、変化し、今に至ります。しかしそこには常にアイルランドの風景がすべてを包みこむようにして広がっていたことでしょう。アイルランド音楽の曲名を眺めていると、地名、丘、川、湖、道、植物、動物、鳥、天気など、この国の風土や自然を表現した曲名が、実に多いことに気づきます。

ミュージシャンたちは、周りをとりまく自然から多くのインスピレーションを受けていたと言われます。アイルランド音楽は都市で発展した音楽ではありません。この音楽は、アイルランドにおけるカントリーミュージックであると言われます。農作業の合間や近所の湖畔で仲間と演奏を楽しんだ彼らは、その土地の気候や地形、動植物や鳥のさえずりと常に共生していたのです。風土や自然と音楽との関係は、ただのメランコリーではなく、もっと強い結びつきがあるように思えます。

「アイルランドではない場所でアイルランド音楽をやっていると、何か別のものになってしまう気がする」という友人の言葉が印象的でした。

音楽とは、その伝統を育んだ土地と切り離せないものなのでしょう。

スロージン

実は、去年もうひとつ作ってしまったお酒がありました。スロージンです。自宅で作れる保存食に関する本を図書館から借りていて、その本にこのスロージンの作り方が載っていたのでした。お酒作りと言ってもこのスロージンはシャンパンやワインのように発酵過程があるわけではなく、市販のジンにスローという果実を漬けこんだだけの果実酒です。日本の梅酒作りと同じです。

スローというのはBlackthorn（スピノサスモモ）になる実のことです。

小ぶりで、食べると実の部分よりも中心にある種のほうが大きく、酸っぱくて、かつ口の中に独特の苦みが残る……決しておいしいとは言えない実です。「そういえば子どもたちが最近、裏庭でスローを採って食べていたっけ」と、外に出てみました。すると、あるある、スローの実が我が家の裏の垣根にもなっているではありませんか。

どの木にもあるわけではなく、実のついている木は裏庭の数本のみ。しかも、子どもたちがせっせと摘んでは口に入れ、あげくの果てには自分たちの部屋にまで持ちこみ、夜寝る前に親の目を盗んでこっそり食べている様子……だってママはリラとショーンの枕の下からスローの種を見つけてしまったのよ（ついでにシーツと枕カバーにスローのシミも発見！）。

子どもが部屋でこっそり食べるのは、普通チョコレートとかアメじゃない？　それがうちの子どもたちは庭で摘んだあの苦いスロー……　ん？　なんだか不憫になってきたぞ。

そんなわけで残っている実は残り少なく、子どもたちには「スロー摘み禁止令」を発令して、スロージン作りに備えました。▼レシピi
面白いと思ったのは、この本のレシピにあった「スローの収穫は初霜の直後がいい」という記述。霜が降りることによってスローの実が凍り、実の表面に割れ目ができます。この状態のほうが、実の風味がジンに浸みこみやすいとのことです。なるほど。

完成時期は覚えやすく、初霜の時期に作ってクリスマスに完成。私は初めて作ったので念のため作った日付を記して容器に貼りましたが、八～九週間で完成しました。

完成したらスローの実をジンから取り除きます。とは言えアルコール度の高いお酒なので果実が腐る心配もなく、そのまま底に残しておいても問題ない気もします。

あまりにおいしくて、クリスマス休暇中の夜の友となったスロージン。ジンなので「トニックで割ったらおいしいはず」と夫がトニックを購入、子どもたちが寝てからの平和な時間を、スローのジントニックで楽しみました。

青黒いスローの実からはちょっと想像できなかった、とてもきれいな赤い果実酒。香りは濃厚。あの硬いスローを漬けただけでこんなに素敵なお酒ができるとは。自然の恵みに感謝です。

ポニーがやって来た

我が家に新しい動物がやって来ました。白いポニーです。

娘のリラが近所の子どもたちとポニーに乗りはじめ、「いつか自分たちでポニーを飼えたらいいね」と話していた私たち。近所の人の助けもあって、ある動物保護施設から譲り受けたのです。

性格が温厚でフレンドリーな馬です。しっかりしつければ最高の乗馬用ポニーになると聞き、里親になることに決めたのでした。

いえ、そもそも施設を訪問した日に、私たちのところに自らやって来た唯一の動物が、この雄馬だったのです。その風貌と人懐こさにまずは夫が一目ぼれ。

我が家には犬、猫、カモがいますが、ポニーという動物はとにかく大きい！踏まれたら大変、蹴られても大けが、しっかりトレーニングをしないと飼い慣らすことはできません。とんでもない決断をしてしまったのでは、と最初はひるんでいた私。子どもたちも新しい動物の出現に興味はあれど、恐る恐るでした。

このポニーがやって来て、一か月。今ではポニーも私たちの姿や匂い、声を認識するようになり、子どもたちが学校から帰ってくると駆け出して来るほどになりました。

リードをつけて一緒に道路を歩く（散歩です）トレーニングを続けるうち、私自身もだいぶこの大きな動物を飼うことに慣れ、恐怖心も和らいできました。

幸い、私たちの周りには馬に熟知した友人や隣人が何人も住んでいます。彼らはいつでも相談相手になってくれるし、「トレーニングも手伝ってあげる」とのありがたいオファーもいただきました。なんて心強いんでしょう！　そうなんです。乗馬というと「馬に乗れるよう、人がトレーニングする」イメージがありますが、馬もまた、「人を乗せられるようトレーニング」しないといけません。

ところでポニーと馬は何が違うのでしょう。基本的にポニーも馬なのですが、肩までの高さが一四七センチメートル以下のものを総称してポニーと言うのだそうです。

近所の馬に乗って遊ぶリラも、だんだん自分のポニーに慣れてきて毎日のように会いに出かけていきます。このポニーに乗って、リラが近所を走り回ることができたら、いいなあ。

タンポポでワインを作る

初めて挑戦したワイン作りにはブラックベリーを使いました。果実を漬けておくだけの果実酒やシャンパンとは違い、ワインは完成まで数か月から年単位を要します。

私はまったくの初心者だし、あれもこれもと手をつけて全部失敗なんてことになったら困るわと思い、ワイン作りはこのブラックベリーワインの完成までお休みしよう、それから判断しよう、と思っていました。

そう。本当にそう思っていたのです。この四月にとある誘惑がやってくるまでは。我慢しようと思っても、毎日のようにその誘惑に襲われます。どうしても打ち勝つことができないその誘惑の正体は……タンポポ。道端に、牧草地に、いえいえ、それこそ場所を選ばず咲き乱れる、あのタンポポでワインが作れるのです。

ホームメイドのワインのエキスパートである知人が、去年「タンポポワインがすごくいい　できばえだったの、風味も香りも最高よ」と話していたのを思い出しました。

四月、五月、外を歩けば、黄色い花がそこかしこで元気いっぱいに空を見上げています。タンポポが私を呼んでいる！　というわけで、結局誘惑に負けた私は晴れ晴れとした気分で子どもたちを散歩に誘い、袋を持っていざタンポポ摘みへ！

タンポポを摘むのには何のスキルもいりません。視界の中に黄色いものが入ったら、まずタンポポだと思って直進していきます。子どもたちも「ママはタンポポの花を摘んでほしいんだね」ということだけは分かってくれたので、せっせと手伝ってくれます。おかげで必要量のタンポポが一回の散歩で集まりました。

私のワイン作りはまだまだ試験期間中。しかも市販のワインイーストを使わずに、植物に付着する自然酵母の力で作ってみたいと思っています。

自然酵母の発酵液に、タンポポとシトラスの風味を抽出した液体を加える方法でワインを作ります。嗅いでみるとシトラス系の香りとタンポポ独特の香りのバランスが絶妙！　期待が膨らみます。

タンポポの黄色は濾した直後は曇っていましたが、発酵の過程でどんどん透明になっていきました。理科の実験の感覚に限りなく近い、自宅でのワイン作り。

吉と出るか凶と出るか、作っている本人にもまったく予想がつきません！

待望のブラックベリーワイン

二年前の夏の終わり、自宅周辺に自生するブラックベリーをたくさん摘み、これを使って作ったワインが、このたびやっとやっと完成しました。

長いプロセスでした！

一ガロンのデミジョンに入ったブラックベリーワイン、どうやら発酵を終えてガスを出さなくなったので、まずは試飲をしてみることに……最初に投入した大量の砂糖を酵母が完全に食べつくしてくれたおかげで、ワインに甘みはまったくありません。かと言ってドライすぎず、お味は非常にフルーティー。さらに寝かせれば味が熟成していくのでしょうが、もう十分においしい！

よし、瓶詰めしよう。

底にたまった澱が混入するのを避けるため、チューブを使います。デミジョンを椅子の上など瓶よりも高い場所に置き、チューブをデミジョンに投入。チューブの反対側の口を吸ってワインを導き、そのプレッシャーを保ったまま瓶に素早くチューブを入れます。こうすると、液体が何もせずともきれいに流れ出します。かなり速いスピードで入っていくので、気をつけて見ていなくてはなりません。

デミジョンには一ガロン＝四・五リットルのワインが入っています。七五〇ミリリットルのワインボトルにして六本のブラックベリーワインの完成です。

サンルームには、まだ発酵を続けるワインが並びます。二週間ほど前にまたタンポポワインを仕込みました。二年前に初めて作ってとてもおいしかったタンポポワインは、私のワイン作りの顔となりつつあります。

今年もブラックベリーをたくさん摘んで、二〇一五年産のブラックベリーワインを作ります。

色とりどりのカントリーワイン

自分で摘んだベリーや花を使って作るワイン。

最初に作ったブラックベリーのワイン、去年の春に挑戦したタンポポワイン。

あれからすっかりワイン作りのとりこになってしまった私。その後も熱は冷めず、色とりどりのワインがサンルームにずらりと並びました。二年前から熟成中のブラックベリーワインに続き、冷凍庫で眠るブラックベリーを使い切るべく、新たに一瓶を追加。

花のワインはタンポポ、ニワトコの花、ハリエニシダのワイン。鋭いトゲのあるハリエニシダは、小さな花を一つ一つ摘むのに苦労しましたが、ココナツの甘い香りに包まれながらの作業でした。見た目もとってもきれいです。今年の春に仕込んだルバーブのワインも、きれいなピンク色をしています。

私が作っているようなワインをカントリーワイン（country wine）と呼びます。ベースとなるものは、果物や香りのいい花、木の葉、ハーブ、さらにジャガイモやにんじんなど野菜の場合もあります。

経験と知識が必要なワイン作りは、知れば知るほど奥深い世界です。最初の頃は失敗も多いようで、一ガロン（四・五リットル）も作ってすべて水の泡となればがっかりするものです。熟成させ、飲めるようになるまで時間もずいぶんかかるので、「ワイン作りはもう諦めた」という人にも何度も会いました。私もまだまだ初心者、これから長い年月をかけて学ぶ過程を楽しめたらいいな、と思います。

今まで、フルーツや花についた自然酵母で発酵させていましたが、今年の春はとうとうワイン作り用の酵母（イースト）を購入、これを使ってレシピ通りにワインを作っています。

食べ物でも飲み物でも、発酵させて作るものは何でも本当に面白い。今日も発酵中のワインから出るガスの音を聞きながら、自家製ワインが飲める日をのんびり待ちます。

ワイルドガーリック

ギョウジャニンニク（行者にんにく）と呼ばれる山菜をご存知でしょうか。北海道や東北など比較的涼しい地域に自生するネギ属の多年草で、山にこもる行者が滋養のために食べたなどという由来のある山菜です。これとよく似た植物がヨーロッパに広く分布しています。ワイルドガーリック（Wild Garlic）です。日本ではラムソン、熊ねぎなどと呼ばれるそうですが、ギョウジャニンニクと同じく山菜の一つで、落葉樹林などに入ると地面を覆うように群生しています。

アイルランドでは何百年も昔から食用とされ、主に葉の部分を調理しますが、花や球根も食べられます。スープを作ったり、ソーダブレッドやバターに入れたり、ペーストを作ってパンに塗ったり。滋養強壮に効き、一説では普通のにんにくよりも効果があるそうです。アイルランドでは、昔から咳などの症状に処方されてきた薬草でもあります。

春になると友人たちが「週末にワイルドガーリック狩りに行ってきたんだ」などという話をよくしているのは聞いていました。無知な私は「何だろう?」と思っていたわけですが、なんと我が家から歩いて五分ほどの道沿いに自生しているのを去年になって発見。灯台下暗しです。

これをほんの少しだけいただいて、自分たちの土地に移植してみました。何しろ野生の植物だし、自生する場所を選ぶので、移植したところでどうなるかと思っていたのですが、しっかり根付いていました。やった!まだほんの一握りですが、五月に咲く花は結実し、条件さえ合えばこぼれ種でどんどん増えるはず。よく見ると、小さな芽が親株の周りにちらほらと出てきています。よしよし!

山菜なので、畑で栽培するより半日陰の木の根元や垣根の縁に植えて楽しむほうが、風情があっていいなと思います。本来なら野菜もそうですが、自然界で育つ食べられる植物やベリーなどのワイルドフードは旬が限定されています。ワイルドガーリックの収穫は、できれば花が咲く前の四月がよいとされています。

一年で、その季節にだけ食べられるごちそう。

市場にはほとんど出回りません。ワイルドフードは、自分で歩いて収穫するものです。待つ時間があってこその食材ではないでしょうか。

ブラックベリーウィスキー

冬にスロージンを作って、とてもおいしく飲みました。

たまたま図書館でガーデニングの本を立ち読みしていたら、スロージン作りと同じ方法でブラックベリーをウィスキーに漬けるとおいしいお酒ができるとあり、思わず舌なめずり。さっそくこの本を借りて試してみることにしました。

その名もずばり、「ブラックベリーウィスキー」(そのまんま)。▼レシピiii
ウィスキーは上質なものである必要はありません。これもまたうれしいポイントではありませんか。我が家には飲みかけのウィスキーがあちらこちらにあったので、私の場合は主婦の癖が働いて、残り少ないウィスキーを片っ端から入れてブレンド。

ウィスキーはあっという間にきれいなブラックベリー色に変身しました。

スロージンと同様に甘くて強いお酒なので、飲む時にはトニックや水で割るとすっきりしておいしいです。ウィスキーは苦手、ストレートで飲むのは好きじゃないという人には特に好評でした。ウィスキーの風味を残しつつ、そこにブラックベリーの甘みとほろ苦さが合わさり、そのバランス感といったらもう完璧です。これはおいしい！

しかしこのお酒を誰よりも愛してくれたのは、ほかならぬ我が夫。甘いので「女性向けかな」と思いきや、食前酒に、食後酒に、いえ、いつでも好きな時に飲んでは酔いしれる夫（と私）。至福のひとときです。どんなフルーツを使うにせよ、自分で漬けこんだ果実酒は格別です。

馬の名はディーノ

春先に我が家にやって来た白いポニーはディーノと命名しました。夏休み中に、どうにか人を乗せられるようにトレーニングをすることができればと思っていたのですが、なんと、娘のリラはもうディーノに乗っています。

いきなり飛び乗ったわけではありませんよ。近所に住むリラの友だちで一二歳の女の子、イーヴィーが、ディーノのトレーニングを引き受けてくれたのです。

しかし、いざトレーニングがはじまると、ディーノはすべてのステップを次々にマスターしていくではありませんか。すぐに「このポニーはどうやら過去にトレーニングをしたことがあるね」ということが分かり、さらには「人を背中に乗せたこともあるんじゃないかな」。動物保護施設に来る前のこのポニーの過去は空白ですが、トレーニングは思っていたよりもスムーズに進んだのでした。

リラにとって自分のポニーに乗ることは夢でしたが、その夢があっという間に叶いまだ信じられない様子。馬にも個々の性格がありますが、ディーノは穏やかでフレンドリー。

「こんなにいい性格のポニーに出会えて、エリカたちはラッキーだよ」という友人の評価もあり、ディーノの里親になって本当によかったと思いました。

ここ数週間、リラはまさに乗馬三昧です。連日女の子二人でポニーに乗って出かけていきます。イーヴィーの家に寄ったり近所の道を駆けたり、この前は湖のある森まで行ったのだとか。

あ、ディーノの糞を発見！ これはきれいに拾って、畑の肥やしに使わせてもらいます。

「ママ、ヤギの乳しぼりで遅くなるから」

子どもたちには六時までに帰宅するよう言ってあるのに、今日もリラが帰ってこない！

夕飯の支度をしていると、私の携帯電話にメッセージが入ってきました。

「これからヤギの乳しぼりするから、リラは家に帰るのが七時になるけどいい？　プリーズ！」

リラが遊びに行った農家の娘イーヴィーが、彼女のお母さんの携帯電話から送ってきたメッセージでした。しょうがないわね。今夜は絶対ダメという理由もないし、「ＯＫ」と返信をしてキッチンへ戻ります。

それからもヤギの乳しぼりで帰宅の遅い日が続く娘のリラ。一体どうなっているのかしらと思い、ある夕方覗きに行ってみました。

いました、いました、小屋の外におひげを生やしたヤギさんたちが。首にはベルまでついています。小屋に入ると、子どもたちが交代でヤギの乳しぼりの真っ最中。こんな風にやっていたのね。

果たしてリラの腕やいかに？　おお〜、なかなかさまになっていますよ！

「だんだんコツが分かってきたの。しぼりやすいヤギと、そうでないのがいるんだよ」

毎朝毎夕のヤギの乳しぼりが日課のイーヴィーは、さすがスピードが違います。あっという間にビーカーがホカホカのミルクでいっぱいになっていきました。

彼らの農場ではヤギの生乳で作ったチーズも販売しており、これが絶品です。夕刻の乳しぼりは六時から六時半。どうりでリラが帰宅しなかったわけです。アイルランドでは昔からヤギのミルクを飲む習慣があり、今でもスーパーなどで牛乳と並んでヤギのミルクやヨーグルトが売られています。

ブラックベリーの摘みかた

今年も八月の下旬から摘み時のブラックベリー。

「摘まなきゃなあ」と思いつつ、あれよあれよという間に九月になり、去年のブラックベリー摘み病はどこへやら、今年はずいぶん怠け者の私です。

しかし。ブラックベリーを摘まなきゃ秋は来ない！　冬も来ない！　というわけで、重い腰を上げてブラックベリー摘みへレッツゴー。

友だちの家に遊びに行ってしまったリラをよそ目に、息子のショーンを連れていざ！

な〜んて、意気込んでやって来たのは歩いて五分の近所の道です。

もう熟しきってしまったブラックベリーも多いけど……ああよかった！　ありました、ありました、まだまだ摘み時のブラックベリーが。よし、摘むぞ〜。

アイルランドの田舎道の生け垣では、必ずと言っていいほどブラックベリーが見つかります。日本から来た友人に「誰かが植えたんですか？」と訊かれたことがありますが、ブラックベリーは誰かが栽培をしている植物ではなく、完全に野生です。どこにでもしつこく根を生やす厄介なつる性植物なので、曲者と言ってもいいほどです。

「ママ、ここにもいっぱいあるよ！」とショーンが近所の家の石壁を登ります。気をつけてね。ショーンが摘んだベリーは、半分が彼のお腹の中に入った気もしますが、まあいいわ。

あっという間に、ボウルいっぱいのブラックベリーを摘むことができました。

今年もジャムを三〇瓶ほど、去年から切らさないよう作り続けているブラックベリーウィスキーも漬けこみ、ついでにブラックベリーのタルトも焼いて、それでも残ったベリーはすべて冷凍庫へ。現在、我が家の冷凍庫はブラックベリーと庭で穫れた黒スグリでいっぱいです。まだまだおいしそうなブラックベリーが実っているけど、あまり欲張るといいことがありません。もう十分すぎるほどあるのだし、鳥や虫たちのためにも自然に残しておこうと思います。

りんご、ごろごろ

アイルランドのりんごは、九〜一〇月が収穫時期。今年はたくさん穫れました。

樹高の低い若木の細い枝にびっしりとりんごが実り、あわやりんごの重さで枝が折れてしまいそう。

「うっしっし」とにんまりしながらりんごを収穫する夫。

りんごを軽くひねって枝から簡単に離れるようなら、収穫の適期です。本を読んで覚えるより簡単。私の肩にも及ばない背丈のこの木には、八〇個以上のりんごができていました。

「ふぅ〜重かった！　いやはや折れるかと思ったよ」(りんごの木)

「はい、お疲れさまでした」

収穫したりんごは一度台所に集結。ごろごろごろごろ。軽く洗ってティータオルで拭いて、一個ずつ新聞紙に包みます。こうやって涼しい場所に置いておけば、りんごを長期保存することができます。

霜にやられる心配のない納屋などが最適ですが、今回は廊下の階段下に保存します。我が家は毎朝りんごを食べますが、ここ数週間は早起きの夫が新聞紙にくるまれたりんごを取る「ガサガサ」という音で目覚めます。

アイルランド人のソウルフードはジャガイモなのでしょうが、この国の人々はりんごもとても好きです。店頭に並ぶ種類も実に豊富で、人々のりんごへの愛情はひとしおです。

りんごの哲学

りんごは、小さいものがいいと思います。

すっぽりと手の中に入るサイズのもの。バッグやコートのポケットにいつでもしのばせることができて、通りを歩く時や電車の中で、小腹が空いた時にそのままかじれるもの。りんごは、そんな存在であってほしいと思います。

赤や黄色、緑のいろいろな色のりんご。一つのりんごでも、正面が赤くて反対側は黄色かったりするのが自然で、私は好きです。少しのシミや、いびつな形は気になりません。それどころか、一つ一つの果実が違う容姿であることは、一人として同じ顔の人間がいないのと同じこと。

りんごはふぞろいで当たり前です。

今年は例年になくりんごが豊作で、会う人会う人、りんごの話をします。先日などは、みんなが一時停止する十字路に誰が置いたのか、りんごの入った木箱を発見。箱にはApples. FREE（りんご。ご自由にどうぞ）ですって。

ほとんど実のついていないように見える我が家のりんごの若木も、近寄ってみるとここにもあそこにも。一つずつもぎ取っていくと、熟れたりんごがぽとりぽとりと落ちてきます。結局用意した容器に入りきらないほどのりんごが、一本の木から穫れました。

英語のことわざ An apple a day keeps the doctor away（一日一個のりんごを食べれば医者知らず）は、りんごをよく食べるアイルランドでもよく耳にします。一日一個のりんごなら、果実が大きく手のかけられた高価なものではいけません。

我が家のりんごの木は、そのほとんどがアイルランドに昔からあるネイティブの木。薬も何も使わず、手間いらず。秋には素朴なりんごがたくさん収穫できます。

週末は、りんごをたっぷり使ったタルトを焼こうと思います。

ようこそミツバチ！

「ミツバチを飼いたい」と夫が言い出したのは数年前のこと。

さっそく養蜂に必要なグッズを扱うお店に連絡し、一通りのものを買いそろえました。アイルランドの田舎には、養蜂を趣味とする人たちがよくいます。親しい友人から譲り受けた養蜂箱も納屋にあり、あとはミツバチを入れるだけ。とは言え、ミツバチってどうやって手に入れればいいの？

女王蜂と働き蜂のグループを購入することもできるそうですが、養蜂箱を外に出しておけば住み着いてくれることもあると言います。しかし淡い期待にもかかわらず、ミツバチがやってくる気配は一向にありません。そんなある日、友人から一本の電話が。

「友人の庭にミツバチの大群がいるって言うんだけど、パットがもし欲しいなら今すぐ取りに行ってみたら？」まあ！　まあ！

「絶好のチャンスがやって来たわよ！　ミツバチ、ミツバチ！」と興奮する私に、たまたま家にいた夫は浮かない顔。

「そんなこと急に言われても、どうやって取りに行けばいいか分からないし、無理だよ……」

こらー！　電話口の友人と私の説得に、渋々車を出す夫。

小一時間で戻ってくると、さっきとは打って変わって真剣な面持ちです。

「ミツバチの大群、木の枝にぶら下がっていたのを揺さぶってこれに入れた」

えっ、バケツ?! ふたつきのバケツからは、ものすごい羽音が聞こえます。

バケツの側面を触ると、あったかい!

夫は養蜂に詳しい友人のジョンに再三電話をかけながら指示を受けます。

「OK、今からミツバチ出すけど。うん、うん、ふたを開けて、上から流しこめばいいんだね。分かった、やってみる」

ザザザザーッと、ミツバチの群れを養蜂箱の上にひっくり返す夫。保護スーツは着ていませんが、刺される気配は全くありません。

友人のジョンによれば、養蜂箱の中のフレームの間に少しずつミツバチが入っていくはず。本当だ。だんだんミツバチの山が小さくなってきました。山が小さくなったら静かにふたをして、とりあえず完了です。

世界的に深刻な減少が報告されているミツバチ。アイルランドでも事情は同じです。養蜂と言うとすぐにハチミツを連想する私たちですが、夫はハチミツを採ることよりも、ミツバチが身近にいる暮らしがいいと言います。自分たちの畑にミツバチがやって来ると、確かに嬉しいものです。

ようこそミツバチ。我が家のガーデンに、ようこそ。

母直伝のクリスマスケーキ

今年のクリスマスに夫がどうしても作りたかったものがあります。アイルランドの伝統的なクリスマスケーキです。母にレシピを教えてもらい、分量を半分にして(義母の作るクリスマスケーキはとにかく大きいので)「今年は自分でも作る！」

アイルランドのクリスマスケーキは、ドライフルーツのたっぷり入ったケーキです。市販のものもありますが、「クリスマスケーキは家で」というアイルランドの家庭は今も健在です。

クリスマスケーキは、ベーキングパウダーや重曹といったものを入れずに卵の力で膨らませます。バター、砂糖(黒砂糖)、卵、小麦粉の順に入れて、なめらかになるまでよく混ぜます。ここに、レモンとオレンジの果汁と皮のすりおろしたものも加えます。レーズン、カレンツ、サルタナ、アプリコット、デーツ(ナツメヤシ)などはけちらず、贅沢に！

夫はこのドライフルーツをボウルに入れ、ラム酒を十分にふって一晩漬けこみました。

ほかにもチェリーやクルミ(ほかのナッツ類でも)、そしてシナモンやナツメグ、クローヴなどのスパイスパウダーも入れます。

まんべんなく混ぜることが大事ですが、一番肝心なのは生地の加減。生地が重すぎると膨らまないし、水っぽすぎるとフルーツが生地の中で沈んでしまい、底にばかりたまってしまいます。

夫は自己流で軽く煎ったアーモンドもトッピングしていました。

ケーキの真ん中を少しへこませると熱の通りがよくなります。型用シートは敷くのが大変なので、我が家はいつも使い終わったバターの包み紙を再利用しています。表面にはまだバターがついているのでケーキが焼けた時にきれいにはがれる優れもの。このアイディアも、義母からの直伝です。

一四〇度のオーブンで一時間半焼きます。かなり低温なので心配になりますが、じっくり時間をかけて焼くのがコツです。サイズが大きい場合は四時間以上焼くというレシピもあるようです。

見事完成した夫のクリスマスケーキ。中までしっとり、口にふくむとラム酒の香りが広がり、とてもおいしい。フルーツやナッツ、すべての材料が一つのハーモニーになって、まさに絶品です。

焼けた翌日から私たちは食べはじめてしまいましたが、普通はクリスマスの四～六週間前に作り、一週間に一度は室温のケーキを取り出し、ウィスキーやラム酒をふりかけます。これを数回行うことでケーキはよりしっとりし、アルコールと砂糖のおかげで日持ちし、クリスマスには最高の味に。時間をかけて熟成させたものがおいしいとされるのです。

ケーキの表面には、アーモンドアイシングとホワイトアイシングで二重のコーティングをするのがアイルランド流です。

お祈りの本

ある日、夫がエニスから帰ってくると、数冊の小さな手帳のようなものをテーブルに置いて「ママにこれを燃やすように頼まれた」と言います。見ると、手帳と思ったのはすべてキリスト教のお祈りの本。

どれもとても古めかしく、誰かからの贈りものであったらしきものには手書きで「1966」などと記述があります。子どもが洗礼を受けた時などに親戚からもらうことも多く、中には夫が子どもだった頃に叔父から贈られたお祈りの本もありました。聖書とは違い、自宅や教会などでカトリック教徒の人が祈りを捧げたい時に使うフレーズなどが書かれたものです。ときどき挿絵が入っていたりします。

義母はこういったお祈りの本を多数持っていて、ディナーのあとベッドに横になりながら本を片手にぶつぶつとお祈りをしています。

これらのお祈りの本を万が一捨てる際は、絶対にゴミ箱に捨ててはいけません。自らの手で燃やしてしまわなければいけないのです。これはしきたりのようなもので、カトリック教徒でない私にも理解できるような気がします。エニスの実家はガスストーブなので燃やすことができず、いらなくなったお祈りの本はいつも夫を経由して我が家にやって来るのです。

中にはあまりに使いこまれていて、燃やすのがもったいないお祈りの本もあり困ってしまいます。私が使うことは一生ないにしても、数冊は燃やさずにこっそりとっておこうと思います。

蔦のハチミツの味は

ボタンアコーディオンを演奏する私たちの友人は趣味で養蜂をやっており、養蜂初心者である私たちの良きアドバイザーです。よく遊びに行くパブで一緒に音楽を楽しませてもらった夜、「帰るから、じゃあね」と声をかけると「あ、エリカ、ちょっと待って。渡したいものがある」と、彼がくれたのが――

「巣蜜のまま入ってるから好きかどうか分からないけど。前に話したアイヴィーハニーだよ」

アイヴィーハニー（Ivy Honey）は、文字通りツタのハチミツです。

アイヴィーはアイルランドの田舎でそこら中に自生するつる性の植物で、よく木の幹などに絡まっています。秋に白い地味な花を咲かせ、これが冬支度前のミツバチにとって最後の貴重な蜜源と言われます。アイヴィーの花から作られるハチミツは色も香りも味も独特で、昔から薬として使われてきた歴史があるそう。

ジョンからもらったアイヴィーハニーは、夏に収穫するとろりとしたいつものハチミツとは違い、六角形の形のまま結晶化していました。パンなどには塗れないけれど、スプーンで少しずつ砕いて口にすると……なんておいしいハチミツでしょう!

夫も「これはすごい」と大絶賛、娘のリラも「今まで食べたハチミツで一番おいしい!」と言って週末の朝食時には必ず一口、二口。甘いだけではなく、口にふくんだとたん、そのパワフルな味に圧倒されます。

我が家のミツバチたちは、冬でも穏やかな日は忙しそうに巣箱を出入りしています。アイルランドでは二月がミツバチにとって最も過酷な月と言われます。今年は暖冬で厳しい寒さがなく、数週間前からはハリエニシダの黄色い花も咲きはじめました。今月を乗り切れば、春がやってきます。ミツバチと暮らしているだけで、私たちも自然の変化に敏感になってきたようです。

お待たせ、蜂の蜜

忙しかった先月には手をつけられなかった家事のいろいろをこなす九月。畑の収穫が思った以上に大変で、玉ねぎ、いんげん、トマト、ズッキーニにりんご、梨と嬉しい悲鳴をあげています。太陽が顔をのぞかせ、風のない穏やかな午後のこと。私と同じく多忙にしていた夫が「ミツバチの巣箱見てみようかな」。巣箱のチェックもやらなくちゃと言いながら、実現していなかったのです。

友人から借りている養蜂スーツを着こんで出ていった我が夫、しばらくしてからハチミツのついたフレームを三枚持って帰ってきました！

ハチミツと蜜蝋の香りが漂います。さあ、このあとどうするの？　ハチミツをフレームから収穫するなんて、私にとっては初めての体験です。

まず白っぽく見えるキャップ（ふた、ですね）を取り除きます。キャップの下にハチミツがたまっているのです。キャップの表面にナイフを滑らせると、たちまちハチミツがあふれ出てきました！

あんなに小さなミツバチたちが、ここまで完璧で美しい六角形のハニカム（honeycomb）を蜜蝋で形成している。魔法のようだと思いませんか？

ワックス（蜜蝋）を取り除いて、少しずつ濾して瓶詰め開始。全部で七瓶ほどできました。

よくハチミツは健康食品だと言われますが、市場に出回るハチミツと名のつくすべてに効用があるとは言えないそうです。加熱処理、脱色、脱臭された精製ハチミツ、水あめなどを人為的に加えた加糖ハチミツも多いのです。

これとは別に、純粋ハチミツと呼ばれるハチミツは加工も加熱もされていない、ミツバチの巣からそのまま採れた天然のハチミツです。花粉が入っているのでやや不透明で、低温で結晶化するのが特徴です。この純粋ハチミツこそが、私たちにとってパワフルな薬となるのです。

我が家のハチミツは確かに色が不透明、濾している間は酵素のおかげで小さな気泡が無数に出ていました。正真正銘、純粋ハチミツ。アイルランド産。我が家産。何にも代えがたい贅沢ではありませんか。

夫が今回採ってきたのは三枚のフレームのみ。まだ巣箱の中にハチミツはたくさんあるけれど、全部を採るようなことはしません。ハチミツは何よりミツバチの食糧。勝手ながら、おすそ分けをいただいた気分です。

九月はヒース（ヘザー）の花も満開だし、自然界にはまだまだ花が見られます。

今月も頑張ってね、ミツバチ。

雨のお通夜

悲しい出来事がありました。

私の暮らす地域のある女性が、不慮の事故で突然亡くなったのです。二一歳。新卒で九月から仕事をはじめた矢先のことでした。彼女には音楽を通して一度会っただけでしたが、ご両親のことは昔から比較的よく知っています。特に彼女のお母さんとは事故のほんの数日前にメッセージのやりとりをしたばかり。私にとってもひどく衝撃的な知らせでした。お葬式は週末とのことです。

アイルランドの田舎では、お葬式は通常二日間にわたって行われます。一日目は日本のお通夜に近いもので、地域の葬儀屋が営む施設を借りることもありますが、たいていはその遺族の個人宅で行われます。

そしてその翌日の午前中に教会にて司祭によるミサ、つまり葬儀が行われ、数々のお祈りが唱えられます。ミサのあとは墓地に移動し、ここで死者に永遠の別れを告げるのです。

地域コミュニティーの強いアイルランドでは、行かねばならないお葬式が実に多いものです。

直接は知らない人であっても、知っている人の家族であれば「行かなきゃ」

となります。特に若い人の死や不慮の事故死の場合は、遺族に対する弔意といたわりの気持ちを表しようと多くの人が訪れるため、葬儀が大きくなります。今回も悲劇的な若い女性の死であったため、「これは大きい葬式になる」ということはみんな分かっていました。

夫と二人でお通夜に向かうと、彼らの自宅に折れる道にパトカーが停まっています。車の窓を開けると、警察官と一緒にいた地元民とおぼしき男性が「トニーズ（近くのパブ兼お店）が駐車場になってるから、そこから出るバスを利用してくれる？」と教えてくれました。

駐車場には複数のこれまた地元の男性たちが小雨の中、車の誘導員として働いていました。

通夜の行われる彼らの家の前には、長い長い人の列ができています。すでに夕闇の迫りつつある湖畔の家。体が芯から冷える寂しい夕暮れ。おしゃべりをする声も少なく、皆が下を向き少しずつ歩を進めます。

棺と共に遺族の座るテントにたどり着くまで、四〇分はあったのでしょうか。並んでいる間、もう五時になろうという時刻なのに足元が明るいことに気がつきました。見上げると屋外用の大型照明が設置されています。

雨足が強くなってくると、傘を何本も持った男性が現れ、人々に傘を提供しています。

もう一つのテントでは、遺族へのあいさつを終えた人々のためにコーヒーと紅茶がふるまわれ、女性たちが忙しそうに立ち働いているのが見えます。

この日のお通夜のために働いていたのは、すべて地元の人々です。あとから聞いた話では、訃報に接した地元の人の呼びかけで葬儀のためのミーティングが開かれ、四〇人の住民が集まったのだそう。駐車場の確保、送迎バス、誘導員の配備、仮設テント、大型照明、屋外用ストーブ、仮設トイレ、客人へのコーヒー、紅茶、お茶菓子の手配といった細やかな配慮まで、徹底したオーガナイズがなされていたのでした。もちろん無償のボランティアです。

自治会でも役場でも葬儀屋でもなく、地域の人々が支えるアイルランドのお葬式。娘さんの死に直面し絶望的な境遇に置かれたこの家族を、地域コミュニティーの力がしっかり包みこんでいる。そんな葬儀でした。

地域コミュニティーというのは小さな町や村には必ず存在し、都市部においても地元の人々の横のつながりがあるものです。そんな無数のつながりの集合体がこの国であり、アイルランドの強さなのだろうと思います。

いつになく悲しくつらいお葬式でしたが、この国の底力を見た思いでした。この日のお通夜は七時間以上、人の列が途絶えることがなかったそうです。

消えゆく古き良きリスナー

地域の伝統音楽にとって隠れ家的な存在の小さなパブに、久し振りに遊びに行ってきました。

セッションは夜の一〇時からスタート、というオールドスタイルのパブで、良心的なオーナーと居心地のいい小さな空間が、地域の音楽愛好家たちに人気です。車でないとたどり着けない奥まった場所にあり、定期のセッションはなし。パブはたいていいつも静かで地元の人々のみ。観光客が押し寄せることもありません。

この夜も、演奏をするミュージシャンたちと同じ数のリスナーがいただけでした。音楽を聴きにやって来たうちの三名は地元に暮らす家族で、夫婦は共に素晴らしいセットダンサーです。彼らの娘さんも音楽にかかわる人で、ときどき歌をうたいます。

セッションは穏やかに進行しました。親しい音楽仲間らと音を合わせることでまるで特別な会話をしているような、自然で心地よい音楽でした。

演奏が終わるたびに、リスナーである家族から「今の最初の曲、いいわね。なんていう曲なの?」とか “Lovely stuff!” といった声がかかります。ミュージシャンもリスナーも顔なじみ同士なので、時に音楽とは関係のない話をしたり、共通の知り合いの話題が出たかと思うとまた演奏に戻り……という具合です。

セッションが終わると、家族の奥さまのブリーダが「帰る前にここで一言言ってもいいかしら?」と言います。

「いつもこのパブで音楽があるたび、必ずと言っていいほどこのコーナーに座っていたトビーのことを思い出していたの。亡くなって三週間経つけど、私たちは素晴らしいリスナーであったトビーのことを、忘れてはいけないわね」

地元の農夫だったトビーさんは、音楽をこよなく愛した人でした。晩年は足腰が弱くなり、それでも息子さんに連れられ、歩行器を押して、夜のセッションに来ていたのです。調子が良い時はお気に入りの歌をうたったり、居合わせたお客さんとのおしゃべりもそこそこに、とにかく音楽を聴くために、このパブに来ていた常連さんでした。

ブリーダは続けます。

「だってね、近年のリスナー不足は甚だしいでしょう? 私たちは大勢のミュージシャンを養成できても、トビーみたいなリスナーを養成してくれるクラスはないわけよね。彼のようなリスナーは、これからどんどんいなくなってしまうと思うわよ」

アイルランド音楽は、楽器を持っている人も持っていない人も、一緒に音楽を楽しむことで紡がれていく大衆音楽です。リスナーの存在は、ミュージシャンの存在と同じぐらい大切なのです。

トビーさんのようなリスナーがいなくなってしまうのは悲しいことです。

ふだんは音楽を弾く側にいる私ですが、時には楽器を家に置いて音楽を聴きに出かけるようにしたいものです。

農夫パットさんの帽子

アルパカの原毛をくれた村出身の農夫パットさんのために、私が編んだ帽子がありました。パットさんからもらったグレイのアルパカと、パットさん自らが飼育する黒い羊の毛をそれぞれ紡ぎ車にかけて紡ぎ、それらを一緒に撚った毛糸で編みました。

三本撚りの毛糸なので、極太に近い太さです。パットさんは農夫だから、冬でも風を通さないかっちりした帽子がいいんではないかしら。それもなるべくシンプルで、折り返してかぶるかもしれないからリブの部分は長めがいいんではないかしら。

そんなことを考えながら何度か編み直して作った帽子です。

原毛をくれたお礼に作ったこの帽子は、村の郵便局のブライアンが「パットに渡しておいてあげる」と言ってくれたのでそのままブライアンに預けました。

それが二年前のこと。

あの帽子がパットさんに手渡されたのか、包みを開けて見てくれたのか、かぶってくれたのか。何も分からないままでした。たまたま顔を合わせてもパットさんは何も言わないし、そうすると私も何も言いません。少なくとも気持ちは伝わっただろうから、もういいわね。

そう思っていたのです。


我が子どもたちが通う音楽スクールの企画で、アイルランド音楽を学ぶロンドンの子どもたちとの交流会があり、娘と連れ立って行ってきました。翌日は村のパブで音楽のセッション。パブは音楽を学ぶ子どもたちとその親、地元の音楽好きの人々で賑わっています。

そこへ、ふらっとパットさんが入ってきました。夜の一〇時を回る時刻なのに、パットさんはまだ農作業用の長靴にジャケットという出で立

ち。パットさんの姿をとらえた瞬間、気づきました。私の帽子をかぶってる……！　するとパットさんは自分の頭を指さして

“You saved my life”（君に救われたよ）

「それ、私があげた帽子？」

と訊くと、ゆっくり頷いてまた

“……You saved my life”

パットさ〜ん！

思わず「ああ嬉しい！　ちゃんと使ってくれてるんだ！」と言ってパットさんの頭に乗った帽子に触ると、干し草やら泥やらで、明らかに汚れているのが分かります。私が思っていた通り、農作業用に使ってくれている。そして、リブは私が思っていた通り、折り返してかぶっている。

何とも言えない幸せな気持ちになりました。

お酒の飲みすぎでパブのカウンターでそのまま寝てしまったり、突然起きて歌い出したりすることもあるパットさん。彼を取り巻く環境は決して優しくないかもしれないけれど、せめて頭だけはしっかり防寒できているみたい。

パブでは次々にアイルランドの古い曲が繰り出されます。

たくさんの軽快なリールとジグ。アイルランド語の歌を座ったまま誰かが歌い、小さな男の子や女の子たちが出てきてダンスを披露します。明日の朝は学校よ！ なんてナンセンスは誰も口にしない田舎のパブで、娘と弾くアイルランド音楽は日付が変わるまで続きました。

愛の話

気が向くと、音楽セッションを楽しむために村のパブに行きます。マーティンは、このパブによくお酒を飲みに来ています。飲み物を頼んでいる時にたまたま横にいたのをきっかけに、初めて言葉を交わしました。私はマーティンを知らなかったけれど、マーティンは私がどこの誰だかを知っていて、一五年前に亡くなった共通の知人の話などをしていました。優しく穏やかな紳士です。

しばらくすると、マーティンがこんなことを言います。

「どうだろう、君は私の妻を知っていたかな。どうだろう。素晴らしい女性だったんだ。うん、おととし亡くなってね。癌だった。分かった時はもう遅くてね。私の知っている中で最も美しい女性だった。明るくてね。どうだろう。君は彼女に会ったことがあったのかな」

「さあ、どうでしょう。あなたのことも今知ったばかりだから」と答えると、
「うんうん。そうだよね、それもそうだ。でね、これが彼女なんだよ」
と言って、マーティンはパンツのポケットから祈りのカードを一枚取り出し、そこに写った亡き奥さまの写真を見せてくれました。

アイルランドでは人が亡くなると、故人の顔写真が載った祈りのカードを、葬儀に来てくれた人々にあげるのが風習です。マーティンがカードをポケットから出した際の手の動きから、私と話している間もずっとポケットの中の写真を握りしめていたことが分かります。

あとから親しい友人とマーティンの話をしていると「彼はね、いつも誰にでもそうなのよ」と言います。新しい誰かに会うと、その人が奥さまを知っていたかどうか、さり気なく訊ねるのだそうです。まるで亡くなった奥さまの記憶を記録し直すかのように、二年という月日が経った今でも、自分の知らない人と彼女とのコネクションを探し求めるマーティン。

「最期まで彼女の世話を自宅でして、看取ったのも彼だったのね。彼女への愛情がすごく深かったから、残されたマーティンはかわいそうでね。周りの人たちも辛くなるほどだったって」

「今年に入ってからだよ、マーティンが再びパブに出てくるようになったのは。少しずつ社交もしはじめて、彼にとってもいいことよね」

泉から湧き出る水のように途絶えることのないマーティンの亡き奥さまへの愛は、誰も侵すことのできない神聖なものです。愛する者を失ったら、人は時にこんなにも弱くなっていいし、周りはそんな弱い人をここまで優しく見守っていていい。あたたかい社会だなと思いました。

我が家の庭にある日本の桜が今満開です。

さまざまな思いを胸にまだ小ぶりなこの木の下に立ち、今日も花を見上げます。

あとがき

母国日本を離れ、アイルランドという新境地での生活がはじまって数年後。あまり知られていないアイルランドの魅力を、情報の一端として日本の皆さんにご紹介できたらいいのではないかとの思いで、個人的なホームページを手作りしたのがきっかけでした。それから日々の暮らしの出来事や感じたことなどを、ブログという媒体を使って「書く」という作業に推移していったのです。まさか、そこからさらなる飛躍として自分の本が出るなどという機会がやってくるとは、当時考えても見なかったことでした。

まずは私の家族、夫のパットと子どもたちに「ありがとう」を伝えたいと思います。

夫のパットは音楽を職とし音楽を糧に生きる自由人です。結婚当初暮らしていた貸家についていていた小さな畑で野菜作りを初めて教えてくれたのも、食に関しての高い知識や私たちの身の回りに横たわる自然を敬う気持ちを教えてくれたのも、この人です。

共に暮らす中でどんなことも共有し理解し合える、最愛の友。アイルランドの伝統音楽を通して出会った縁ですが、この音楽を培った果てしなく広いこの国や人々の営み、そしてそこで体現できる私たちなりの暮らしの豊かさと出合うことができました。「君がやろうとしていることは面白いことだから、どんどんやったらいいと思う」と言って、家計を支える直接的な営みでないことでも、興味の湧いたものに次々のめり込む私をサポートしてくれます。

夫が初めて見せてくれた購入して間もない土地は、起伏の多い静かな丘の上にありました。背の高い草が青々と生い茂る、豊かな牧草地です。夏の盛りのその日、土地には先客として隣人が放ったアイルランド原産のコネマラポニーが二頭いて、こちらを一心に見つめていました。ここに、自分たちでデザインした木造の家が少しずつできあがっていきました。家が建ち、入居し、いざ辺りを見回せば、なんとありがたい環境に恵まれたことでしょう。同じ地域に暮らす、共にガーデニングを趣味とする友人たち。娘のリラに乗馬の楽しさを教えてくれた近所の女の子。屋根裏に眠っていた紡ぎ車を貸してくれた隣人。そして、この土地の生きた伝統音楽を寛大にも分け、共有してくれる多くの友人と地域の人々。世代や国籍が違えども、同じ土地に暮らす中で自然に生まれる横のつながりは、私にかけがえのないものを教えてくれました。目的があって選んだ結果ではなくとも、縁というものを考えずにはいられません。

私を育ててくれた両親にもこの場を借りて感謝の意を述べたいと思います。横浜市の住宅地に育ちながらも、あんなに多くの自然に触れる機会を与えてもらったことが、アイルランドの田舎に暮らす私の糧になっています。「どうして私の両親はディズニーランドに連れて行ってくれないんだろう?」と不服に思っていた子ども時代もありました。その代わりにいつも買い与えてくれた動物や昆虫などの本や図鑑、数々の国内旅行先での海水浴や磯遊び、登山にキャンプ。そして何より母の故郷福島県の農村で毎年過ごした夏の思い出は、何にも勝る生きた体験でした。

王道を歩まず勝手気ままに生きる私を、一時はさぞかし心配したことでしょう。最後まで放り出さず、信じてくれたことが今私の最も強い柱です。

「えりかさん、本を出しませんか」とのお話をいただいてからいざ出版に至るまで、多くの時間が経過していきました。何より、この本の制作中に最愛の義母を亡くしたことが、私にとってこれまでにない変化であったことを記しておきたいと思います。

義母はこの本のどこかにも時折登場しますが、静かで、人に対して寛容で、誰よりも心の優しい人でした。アイルランドに来た当初、右も左も分からなかった私をありのままに受け入れ、人として当たり前の大切なことを言葉でなく生き様で教えてくれた人でした。

最期まで自らの意志を貫く強い女性で、愛する家から離れたくないという彼女の希望を叶えるため、在宅介護士さんだけでなく夫のパットと彼のきょうだいなど複数の家族メンバーが数年にわたり介護にたずさわりました。歩行が不自由になっても寝たきりにならず、最後まであきらめなかった義母。自宅で亡くなる数日前まで、笑顔でリビングルームの椅子に腰かけていた彼女の姿が、今でもくっきりと目に浮かびます。時に険しい介護の道は、今まで自分たちを育て面倒を見てくれた母への、子どもたちからの愛情のお返しを見ているようでした。

私はアイルランドの人々が語る昔話を聞くのが大好きで、義母からも実に多くのストーリーを聞かせてもらったものです。彼女が幼かった頃、ある年のクリスマスプレゼントがみかん一つであったこと。当時、みかんなどという果物はアイルランドの人々にとって手の届かない外来の果物で、大喜びをして一粒一粒大事に食べたこと。一〇代の頃は住みこみの女中として親戚宅に預けられ、毎朝誰よりも早く起きてかじかむ手で乳しぼりをしていたこと。父親を早くに亡くし、その後看護師を志して単身イングランドに船で渡ったこと。

アイルランドが共和国として完全な独立を果たしたのは一九四九年。この本では取り上げませんでしたが、アイルランド共和国はくすぶる北アイルランド問題を抱えながらあらゆる政治的、経済的な風にさらされています。これに順応するようにアイルランド社会は常に変化を遂げ、今まさに新たな国づくりの最中にあるのです。

アイルランドに暮らしていると、一方ではこうした変化を受け入れながらも、同時にいつの時代にも変わらない何かが流れていることも感じます。それは、アイルランドの人々が当たり前に持っている、何よりも家族を一番大切にするという家族観、世代を越えて生き生きとつながる地域コミュニティーの力、互いが対等に持ち合わせている無償のgiveの精神です。

義母の言葉がよみがえります。

「私たちは本当に貧しくてお金なんて一銭もなかったけれど、それでも何とかなったものよ。誰かが困っていたら、隣人でも親戚でもはたまた見知らぬ誰かでも、皆が手を差し伸べ合って生きていたから」

この国に暮らしはじめて一五年、私もどれだけの人々に支えられ、助けられてきたことでしょう。この小さな島国に自然体で生きる普通の人々。彼らのこうした不変の財産は、アイルランドに限らず、私たちみんなが共有できるものではないでしょうか。そんな思いを胸に、この本のあとがきの結びとしたい気持ちです。

本を作るというオーガニックな作業は、このような機会を与えてくださった出版舎ジグの編集者十時由紀子さんとの、まさに二人三脚でした。人生の先輩でありながら心の通じ合う誠意ある友であり、音楽仲間である彼女と巡り合い、ここまで来られたことに大変感謝しています。改めて御礼申し上げます。

二〇一九年一月　曇り空を見上げながら

望月えりか

Oideas レシピ

ブラックベリージャム　本文 p.138

材料　ブラックベリー　1 kg
　　　砂糖　1 kg
　　　レモンジュース　1個分

1　大きめの鍋にブラックベリーをどっさり放りこむ．冷凍ベリーの場合は，火にかけながら解凍してOK
2　5分ほど強火にかけ，沸騰してきたら砂糖とレモンジュースを投入
3　再び沸騰したら中火にし，マッシャーなどでベリーをつぶしていく
4　ふたはせず15分ぐつぐつ煮たら火を止め，煮沸消毒をした瓶に流しこむ
5　熱いうちに瓶のふた（こちらも煮沸消毒したもの）をきっちり閉めて完成

ルバーブのタルト　本文 p.120

①タルト生地

材料　バター　90g
　　　塩　ひとつまみ
　　　粉砂糖　60g
　　　卵黄　1個分
　　　薄力粉　180g

1　型に薄くバターを塗って薄力粉をまぶし（いずれも分量外），冷蔵庫で冷やしておく
2　ボウルに室温のバターを入れ，クリーム状に練る
3　塩を加えて，粉砂糖を2回に分けて加え，白っぽくなるまで練り合わせる
4　卵黄を加え，混ぜ合わせる
5　薄力粉をふるい入れ，手で生地をまとめる

6　丸めた生地をタッパーなどに入れ，冷蔵庫で15分ほど冷やし落ち着かせる
7　生地を取り出し手でほぐす．もう一度まとめ，めん棒で厚さ3㎜ほどにのばし，冷蔵庫で冷やしておいた型に敷く
8　生地にフォークで空気穴をいくつも開け，ラップをして冷蔵庫で1時間ほど休ませる．時間のない時は冷凍庫で冷やしてもOK
9　190度のオーブンで約10分焼く

②フィリング

材料	バター	40g
	砂糖	50g
	卵	1個＋①の卵白1個分
	薄力粉	20g
	アーモンドパウダー	40g
	ラム酒	大さじ1

室温のバターをクリーム状に練り，残りの材料を次々に投入し，よく混ぜ合わせる．焼いたタルト生地の中に流し入れる

③トッピング

材料	ルバーブ	3カップ分
	砂糖	120g

1　ルバーブを1㎝幅ほどに切る
2　切ったルバーブをボウルに入れ，砂糖を投入しスプーンなどを使ってまんべんなくまぶす
3　フィリングの上にルバーブを乗せ，180度のオーブンで35分焼く

ブラックベリーウィスキー　本文 p.225

作り方は簡単．必要な材料は3つだけ．こういうの，好きだなあ．

材料	ブラックベリー	550g
	ウィスキー	1リットル
	砂糖	275g

1　3つの材料を保存する容器に入れ，ふたをする．容器は何でもＯＫ
2　砂糖が底にたまるので，作ってから数日は気がついたら容器を振り，砂糖を溶かす．シェイクシェイクシェイク
3　日付ラベルを付しておき，漬けこんで8週間でできあがり．モスリンなどでベリーをきれいに濾してガラスのボトルに保存する

スロージン　本文 p.212

材料	スロー	500g
	砂糖	250g
	ジン	1リットル

ジンの代わりにウォッカを使っても．ウォッカのほうが癖がなく，スローの風味がより感じられるとか．作り方はブラックベリーウィスキーと同じで，3つの材料を容器に投入だけ．砂糖が完全に溶けるまで数日かかるので，気がついたら容器を振ってやる．初霜の頃に作り，クリスマスに完成．完成後はきれいに濾し，ガラスのボトルに保存する．

ジャガイモと西洋ねぎのスープ　本文 p.123

材料	ジャガイモ	4個（1～2㎝のキュービック状に切る）
	西洋ねぎ	3本（厚めの輪切り）日本の長ネギでもOK
	玉ねぎ	1個（粗いみじん切り）
	バター	10gほど
	タイム	2枝
	野菜ベースのスープストック	4カップ
	生クリーム	2分の1カップ
	塩	適宜
	チャイブ	トッピング用（細かく切る）

1　鍋にバターを入れ，西洋ねぎと玉ねぎを炒める

2　続けてジャガイモを投入する

3　野菜が汗をかいてきたら，枝を取り除いたタイムとスープストックを入れて煮る

4　ジャガイモに火が通れば完成間近．生クリームを入れ数分火を通し，最後に塩で味つけ

5　お皿に盛り，上にチャイブを乗せて完成

バラエティーはいろいろ．風味づけにセロリ（1本）やニンニク，ベイリーフを入れるレシピもあり．タイムは入れないレシピ，生クリームでなく牛乳を使うレシピ，乳製品は入れないレシピも．牛乳やクリームなしでも，淡白でおいしい．

ブレンダーにかけてポタージュにする人も．ねぎやジャガイモの食感がコロコロ残るほうが好きなら，このまま．

ABC譜について

本書の六つの章には，アイルランド伝統音楽の曲名にちなむタイトルをつけました．章扉の裏には，その曲についての短いコメントと，パットの手書きのABC譜を添えました．ここではABC譜について少しご説明します．

アイルランドで「その曲いいね！　譜に起こしてくれない？」と友人に頼まれた時．五線譜で渡そうものなら渋い顔をされ,「五線譜は苦手だから，ＡＢＣで書いてほしい」と言われることでしょう．レッスンなどで配られる譜もほぼ一〇〇パーセント，ABC譜です．

ドC　レD　ミE　ファF　ソG　ラA　シB

細かい書き方は人それぞれ．

オクターブ高い音には大文字の上に付点を表記する人や罫線を記す人，小節と小節の間にスペースを入れる人と入れない人など，極めて個性的です．記譜ルールがあいまいなので，その人が書きたいように書いており，分かりにくい部分があれば口頭で説明します．ABC譜は不完全でいい．表記にばらつきはあっても，曲の骨格が分かればいい．こんなところにも，アイルランド音楽の譜に頼らない，譜との距離感が感じられて面白いものです．

「曲集は持ってるけど，曲名を調べたい時や曲の始まりの部分が思い出せない時などにチラッと使うだけ」という人も多いアイルランド．そもそも，編集された曲集から曲を無差別に選んで練習する，という曲の覚え方をしないのです．

それよりも,「サマースクールのフィドルクラスで，2008年にジェイムス・ケリーから習った曲」「よく行くセッションでホストのシェイマスがいつも弾いている曲」というように，教わった場所や人物の思い出もすべてひっくるめたものを曲として保存し，ていねいに練習して自分のものにしていくほうがず

っと奥深く，一曲一曲に対して愛着がわくものです．

こうして集めた手書きによるABC譜を専用のフォルダーに入れて，大切に弾いている人が多いようです．

アイルランド国内の伝統音楽において，五線譜は驚くほど普及していません．音楽を習う子どもたちや初心者に限らず，アイルランド音楽のシーンでは名の通った音楽家たちにも「五線譜は読めない，書けない」「苦手」という人々がよくいます．裏を返せば，五線譜が読めなくとも問題がないということ．アイルランド音楽が本来，譜に頼らず，耳で聴き，体で習得し，人から人へ伝承されてきた音楽であることがうかがえます．

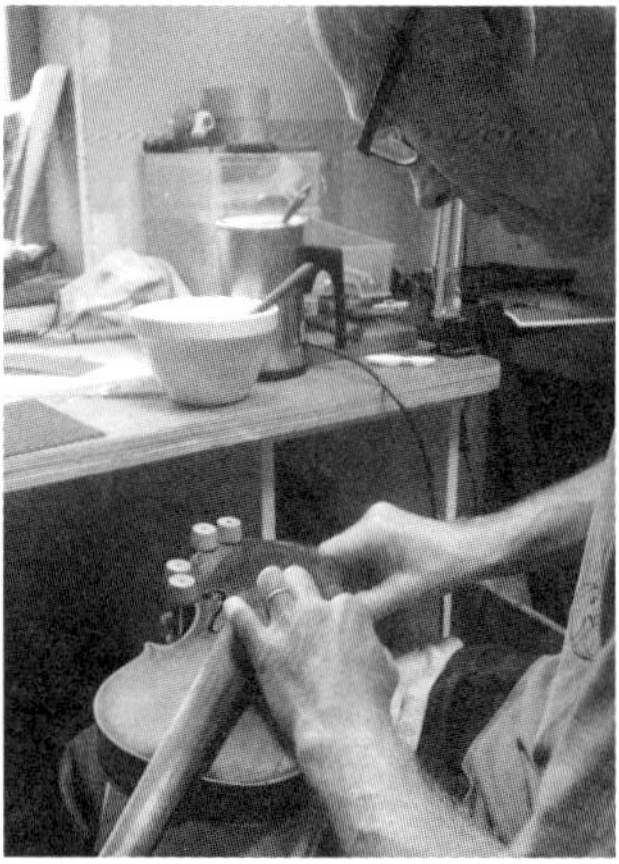

写真撮影データ

＊は著者撮影

page		日時	場所	撮影者
カバー	オコナー家遠景	2018年12月30日	ハリー＆モーナの小道より	＊
カバー表4	馬に乗るリラとイーヴィー	2013年6月 2日	自宅の庭	＊
表紙表1	干し草の山とリラ＆ショーン	2014年6月22日	自宅の畑	＊
表紙表4	りんご，ごろごろ	2015年9月24日	自宅	＊
p.1	リラ＆ショーンの散歩後ろ姿	2015年6月 7日	近所の道路	＊
p.2	実るブラックベリー	2017年9月18日	ハリーの家に行く途中	＊
p.3	コネマラポニー２頭	2018年12月 5日	自宅の裏庭	＊
目次	バレン	2015年7月 4日	バレン高原	＊
目次	パット，リラ＆ショーンの散歩後ろ姿	2015年6月 7日	近所の道路	＊
目次	霧の朝 丘を見下ろす	2018年12月12日	近所の道路	Pat O' Conner
p.17	オコナー家遠景	2012年4月18日	ハリー＆モーナの小道より	＊
p.37	セッション@Bohans	2013年8月13日	Bohans, Feakle	中崎真衣さん
p.38	セッション@Peppers	2013年8月13日	Peppers Bar, Feakle	中崎真衣さん
p.47	セッション@Friels	2015年7月 9日	Friels, Miltown Malbay	＊
p.53	馬に乗るリラとイーヴィー	2013年6月 2日	自宅の庭	＊
p.57	セントパトリックのパレード	2015年3月17日	Tulla	＊
p.60	シャムロックの旗を作る リラ＆ショーン	2012年3月16日	自宅	＊
p.71	ハニーサックルとリラ＆ショーン	2010年7月 2日	自宅の畑	＊
p.72	干し草の山とリラ＆ショーン	2014年6月22日	自宅の畑	＊
p.87	パットと大鎌	2014年5月29日	自宅の畑	＊
p.105	ハントに向かう３人の後ろ姿	2017年1月15日	Baurroe, Feakle	＊
p.106	霧の朝 丘を見下ろす	2018年12月12日	近所の道路	Pat O' Conner
p.108	私のフィドル	2014年6月19日	自宅	＊
p.129	ハリーのオート麦刈り	2013年8月19日	ハリーの畑	＊
p.135	ショーンとハリーのオート麦刈り	2013年8月19日	ハリーの畑	＊
p.154	黒スグリを摘むリラ	2016年7月11日	自宅の庭	＊
p.159	干し草小屋のパーティー	2015年6月21日	自宅の近所	＊
p.175	紡ぎ車	2015年9月14日	自宅	＊
p.203	The Mountain Road	2019年1月14日	Caher周辺	Pat O' Conner
p.221	色とりどり カントリーワイン	2018年11月28日	自宅	＊
p.222	馬車の支度もなんのその	2016年3月25日	自宅の小道	＊
p.236	ようこそミツバチ！	2016年8月23日	自宅の庭	＊
p.255	初めての手紡ぎ糸	2015年2月15日	自宅	＊
p.256	我が家の庭から見た虹	2018年11月30日	自宅の庭	＊
vi	フィドルを修理するパット	2013年8月 1日	パットの工房	＊
iv	ショーンとジャガイモ	2013年8月14日	自宅の畑	＊
	著者プロフィール	2015年2月23日	自宅	Pat O' Conner

もちづき えりか　Erika O’Connor

神奈川県育ち．和光学園卒．異文化コミュニケーションを学ぶ．大学卒業後都内勤務を経て2004年にアイルランドへ移住，結婚．2児の母．アイルランドでの暮らし，食，地方文化，風習など生活者の視点で紹介＆発信．アイルランドの伝統音楽を愛好しつつ自宅の畑で野菜や果実を育て，ジャガイモや玉ねぎ，ベリー類は完全自給自足．近隣の有機農家で飼育される羊の毛を自ら紡ぎ編み，土地に根づいた暮らしを実践している．

アイルランド音楽プロジェクト「ブラックバードミュージック」をフィドル奏者小松大と共同運営．

アイルランド不定期便（ブログ）

http://irishcountrylife.blog74.fc2.com/

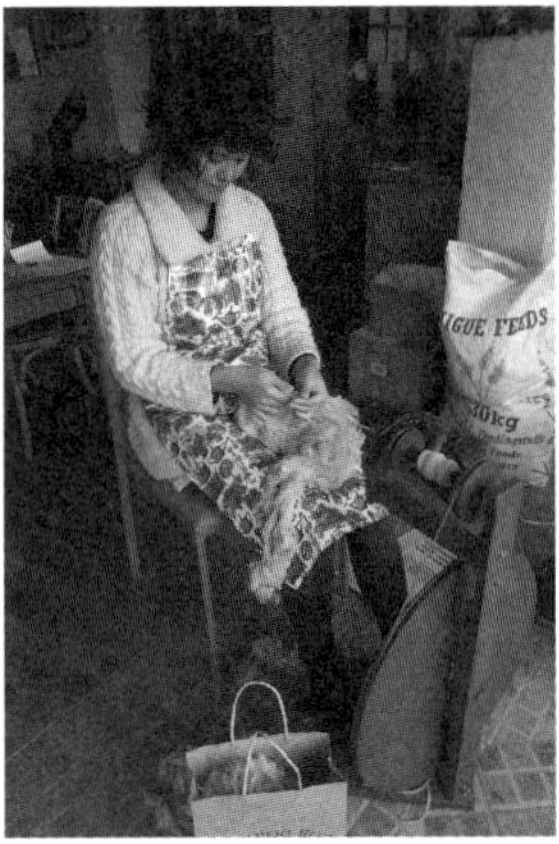

見飽きるほどの虹

アイルランド　小さな村の暮らし

jig-01

ISBN 978-4-909895-01-1 C0036

二〇一九年三月四日　初版発行

価格　一八〇〇円（税抜）

著者　望月えりか

発行人　十時由紀子

装幀　安藤　順

印刷・製本　中央精版印刷株式会社

発行所　出版舎　ジグ

東京都世田谷区松原一―二五―九

FAX　03-6740-1991

Email　rentoto1229@gmail.com

jigは8分の6拍子、タカタ・タカタ
一律にスムーズでない
うねったり、ひっかかったり
どこかにアクセントがつくリズムです。

火や水や刃物の音が響く生活のバックヤードで
小刻みなステップを踏み
手を動かしながらつぶやき歌う声の

そのリズムとグルーヴを拾って響かせるため
音符のような台所のおたまのようなロゴと
厨房のような屋号で、出版社を始めます。

響かせる
個からの発信
孤立からの発信

出版舎
ジグ